自分で収集・分析できる！

XBRL財務諸表活用のキホン

小谷 融・芝野 稔・宮武 記章 著

税務経理協会

はじめに

　金融庁では，投資家が有価証券報告書等の開示情報を取得・加工・分析しやすくするためには，二次加工可能なデータ形式による開示データを，EDINETを通じて投資家に提供する必要があるとして，平成20年3月よりXBRLを導入した新EDINETを稼働しています。

　このXBRLとは，財務情報等を効率的に作成・流通・利用できるよう国際的に標準化されたコンピュータ言語です。XBRLの導入に際して，XBRL形式の財務諸表は，任意の形式に加工し，分析，企業間比較または経年比較等を容易に行うことができると言われていました。また，今も言われ続けています。

　しかし，私を含め周りには，誰もこのXBRL形式の財務諸表をダウンロードし，加工・分析している者はいません。また，XBRL形式による財務諸表の作成方法について解説した書物は見かけますが，その取得・加工・分析についてのものは見当たりません。

　このままでは，XBRLの導入によりメリットを得る者は，情報ベンダーをはじめとする一部の者に限定されてしまいます。これでは金融庁が多額の税金をかけてXBRLを導入した意図に反します。このことが本書を執筆するきっかけとなりました。

　本書は，投資家等の企業のステークホルダーや財務諸表分析を学んでいる学生等に，有価証券報告書に記載されているXBRL形式財務諸表のダウンロードから加工・分析に至る方法を解説するものです。その構成は次のようになっています。

　第1章「ディスクロージャー制度」では，企業情報のなかで，最も信頼性が高く，情報量が豊富な有価証券報告書等の金融商品取引法上の開示制度について解説しています。本書のテーマであるXBRL形式財務諸表は，この有価証券報告書等に記載されているものです。さらに，証券取引所および米国証券取引委員会（SEC）でのXBRLの利用状況についても言及しています。

　第2章「日本企業のデータ収集」では，XBRL形式財務諸表を分析するため，

はじめに

　インターネットで金融庁のEDINETにアクセスして，有価証券報告書等の開示書類を閲覧し，さらにXBRL形式財務諸表のデータをExcelにダウンロードする方法を解説しています。

　XBRL形式財務諸表は，専用の汎用ソフトがないと直接加工することができません。本章では，フリーウェア（無料）ソフトであるTeCAXを用いて，XBRL形式財務諸表をXBRLファイルからExcelファイルに変換して保存し，加工できる状態にする作業を行っています。

　第3章「米国企業のデータ収集」では，米国証券取引委員会（SEC）のEDGARにアクセスして，わが国の有価証券報告書に相当するForm10-K（年次報告書:Annual Report）等の開示書類を閲覧し，さらにXBRL形式財務諸表のデータをExcelにダウンロードする方法を解説しています。EDGARでは，XBRL形式財務諸表を専用の汎用ソフトを介することなく，直接Excelにダウンロードすることができます。

　第4章「連結財務諸表の読み方」では，財務諸表の分析を行う前に，特に重要性の高い三つの財務諸表，「連結貸借対照表」，「連結損益及び包括利益計算書」（または「連結損益計算書」および「連結包括利益計算書」）および「連結キャッシュ・フロー計算書」の読み方について解説しています。

　第5章「連結財務諸表の分析」では，第2章で解説したTeCAXを利用して入手したシャープ株式会社のExcelファイルをもとに，安全性，効率性，収益性および株価の基本的な分析手法について解説しています。

　最後に，刊行に当たりお世話になったTeCAXの開発者である有限会社プレシス代表取締役加藤辰哉さん，税務経理協会の小林規明さんに厚くお礼を申し上げます。

　平成24年2月

大阪経済大学　小谷　融

目　次

第1章
ディスクロージャー制度

❶ 金融商品取引法に基づくディスクロージャー制度 …… 1
1　概要　1
2　開示書類　2
3　適正開示　4
4　EDINETによる開示書類の提出および縦覧　5

❷ XBRL形式財務諸表 …… 6
1　XBRLの導入　6
2　XBRLの対象範囲　7
3　証券取引所TDnet　14
4　米国証券取引委員会（SEC）EDGAR　14

第2章
日本企業のデータ収集

❶ EDINET（金融庁）へのアクセス …… 17
1　有価証券報告書等へのアクセス　17
　　1　EDINETのサイトにアクセス　17
　　2　特定の会社の検索　18
　　3　有価証券報告書の表示　19
2　ファイルのダウンロード　21
　　1　PDFファイルのダウンロード　21
　　2　XBRLファイルのダウンロード　22
　　3　XBRLファイルの表示　25
　　4　ダウンロードしたXBRLファイルに関するExcelの表示　27
　　5　株主総会招集通知等の表示　28

目次

2 無料閲覧ソフトTeCAXの操作方法 …… 29
 1 TeCAXフォルダーの作成 30
 2 ソフトの入手方法 31
 3 動作環境 34
 4 操作方法. 34
  | 1 | 起動 | 34
  | 2 | EDINETの情報収集 | 36
  | 3 | 特定の会社等の検索 | 36
  | 4 | 特定の会社の有価証券報告書の閲覧 | 37
  | 5 | 英文財務諸表への切り替え | 38
  | 6 | Excel等への出力 | 40
  | 7 | Excelファイルの表示 | 41
  | 8 | 財務指標の表示 | 41
  | 9 | XBRL構成要素の表示 | 42
  | 10 | 他社比較 | 43
 5 機能制限 46

3 XBRL関連のサイト …… 48
 1 有報Catcher 48
  | 1 | 有価証券報告書の検索，ダウンロード | 48
  | 2 | 企業価値分析 | 52
  | 3 | 企業価値分析-予想・実績 | 53
  | 4 | 業種別ランキング | 55
 2 EDIUNET for XBRL 57
  | 1 | XBRLファイルのアップロード | 57
  | 2 | グラフ表示 | 59
 3 その他の閲覧ソフトXiRUTEの特徴 62
  | 1 | ソフトの入手先 | 63
  | 2 | マニュアルの閲覧方法 | 63
  | 3 | 特徴① Excel上で表示が可能 | 63
  | 4 | 特徴② 標準シートの利用で同業他社比較等が簡単 | 64

| 5 | 特徴③　スタイルシートの利用 | 65 |
| 6 | 特徴④　経営分析 | 70 |

第3章
米国企業のデータ収集

■ EDGAR（米国証券取引委員会：SEC）へのアクセス …………… 71
1	アニュアルレポート（年次報告書）等へのアクセス	71
2	XBRLファイルの表示	75
3	印刷，Excelファイルのダウンロード	79
4	XBRLファイルのダウンロード	80

第4章
連結財務諸表の読み方

■ 連結財務諸表と個別財務諸表 …………………………………………… 83
■ 連結貸借対照表 …………………………………………………………… 83
　　1　連結貸借対照表の概要　　　　　　　　　　　　　　　　83
　　2　資産の部　　　　　　　　　　　　　　　　　　　　　　84
　　3　負債の部　　　　　　　　　　　　　　　　　　　　　　85
　　4　純資産の部　　　　　　　　　　　　　　　　　　　　　86
■ 連結損益計算書 …………………………………………………………… 87
　　1　連結損益計算書の概要　　　　　　　　　　　　　　　　87
　　2　五つの利益　　　　　　　　　　　　　　　　　　　　　88
■ 連結キャッシュ・フロー計算書 ………………………………………… 90
　　1　連結キャッシュ・フロー計算書の概要　　　　　　　　　90
　　2　三つのキャッシュ・フロー　　　　　　　　　　　　　　91
　　3　フリー・キャッシュ・フロー　　　　　　　　　　　　　93

目次

第5章
連結財務諸表の分析

- **1** 分析の手法とExcelの操作 …………………………………… 99
- **2** 安全性の分析 …………………………………………………… 101
  - 1　流動比率　　　　　　　　　　　　　　　　　　　101
  - 2　当座比率　　　　　　　　　　　　　　　　　　　102
  - 3　自己資本比率　　　　　　　　　　　　　　　　　103
  - 4　有利子負債依存度　　　　　　　　　　　　　　　105
  - 5　固定比率と固定長期適合率　　　　　　　　　　　106
- **3** 効率性の分析 …………………………………………………… 107
  - 1　売上債権回転率と回転期間　　　　　　　　　　　108
  - 2　棚卸資産回転率と回転期間　　　　　　　　　　　108
- **4** 収益性の分析 …………………………………………………… 109
  - 1　売上高利益率　　　　　　　　　　　　　　　　　109
  - 2　自己資本利益率（ROE）　　　　　　　　　　　　112
  - 3　総資産利益率（ROA）　　　　　　　　　　　　　113
- **5** 株価分析 ………………………………………………………… 113
  - 1　株価収益率（PER）　　　　　　　　　　　　　　114
  - 2　株価純資産倍率（PBR）　　　　　　　　　　　　116
  - 3　配当情報　　　　　　　　　　　　　　　　　　　117

【著者紹介】

小谷　融（こたに　とおる）　執筆担当／第1章

　　大阪経済大学情報社会学部教授（ディスクロージャー制度論），大阪経済大学博士（経済学），兵庫県加西市代表監査委員，宝印刷株式会社総合ディスクロージャー研究所顧問。大阪経済大学経営学部卒業。大阪国税局，大蔵省証券局，証券取引等監視委員会等を経て現職。

　　近著として『金融商品取引法における課徴金事例の分析〈Ⅰ〉インサイダー取引編〈Ⅱ〉虚偽記載編』（商事法務2012年），『二訂版　金融商品取引法におけるディスクロージャー制度』（税務研究会2010年），『金融商品取引法の開示制度~歴史的変遷と制度趣旨~』（中央経済社2010年），『三訂版　図解実務がわかる金融商品取引法の基本知識』（税務経理協会2010年），『インサイダー取引・相場操縦・虚偽記載規制のすべて』（中央経済社2009年）など。

芝野　稔（しばの　みのる）　執筆担当／第2章，第3章

　　芝野稔公認会計士・税理士事務所所長，システム監査技術者，大阪経済大学非常勤講師，日本公認会計士協会兵庫会幹事。神戸商科大学（現　兵庫県立大学）商経学部卒業。あずさ監査法人（代表社員）を経て現職。

　　著書として『トータル化に役立つ実践パソコン活用経理入門』（第三出版1991年），『簿記・会計の理論・歴史・教育』安平昭二編著（東京経済情報出版1992年）など。

宮武　記章（みやたけ　のりあき）　執筆担当／第4章，第5章

　　大阪経済大学情報社会学部准教授（会計基礎論，環境問題と企業）。大阪経済大学経営学部卒業，関西学院大学大学院博士後期課程単位取得，大商学園高等学校を経て現職。

　　近著として，『会計基礎論（新訂版）』（森山書店2010年），『IFRS国際会計基準の基礎』（中央経済社2011年），『カーボンディスクロージャー』（税務経理協会2011年）など（いずれも分担執筆）。

第1章 ディスクロージャー制度

❶ 金融商品取引法に基づくディスクロージャー制度

1 概要

　金融商品取引法の目的は，投資家保護とその投資家の資金を事業会社や国・地方公共団体等に投資することにより国民経済の健全な発展に資することです。この投資家保護の一つにディスクロージャー制度（開示規制）があります。ディスクロージャー制度とは，投資家が自己責任のもと投資判断を行うために，その有価証券および発行者に関する情報が正確，公平かつ適時に開示されることにより，事実が知らされないことによって被る損害から保護するものです。

　ディスクロージャー制度は，**図表1**に示すとおり，有価証券の募集または売出しの際に求められる「発行開示」と，一定の流通性を有する有価証券の発行者に求められる「継続開示」からなっています。

　発行市場における「発行開示」は，有価証券の発行者が有価証券届出書または発行登録書・発行登録追補書類により，発行する有価証券の内容および発行者の属する企業集団とその会社の事業内容や財務状況等を正確・適時に開示し，これと併せて，有価証券届出書等と同様の内容を記載した目論見書を投資家に直接交付することにより，投資家に自己責任において有価証券の買付けに必要な判断を行う機会を与えるものです。

　一方，流通市場における「継続開示」は，一定の流通性を有する有価証券の発行者が，発行者の属する企業集団およびその会社の事業内容や財務状況等を定期的または臨時的に開示することにより，有価証券の公正・円滑な流通の確保と投資家に有価証券の売買に必要な判断材料を提供するものです。定期的な開示書類には，有価証券報告書，四半期報告書，半期報告書および内部統制報告書等があります。また，臨時的な開示書類には，臨時報告書があります。

図表1　ディスクロージャー制度の概要

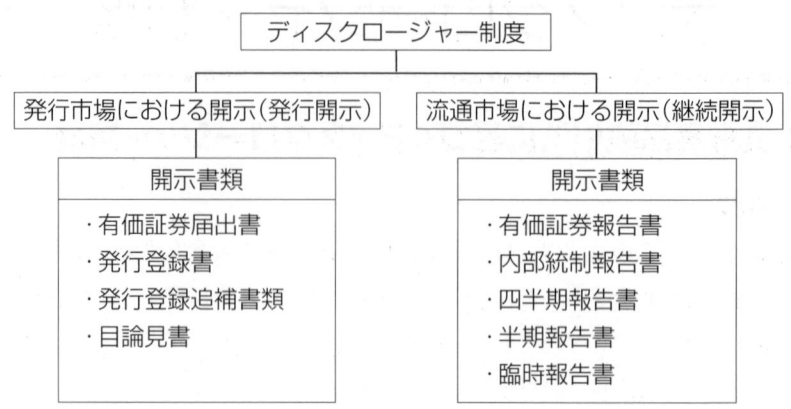

2　開示書類

ア．有価証券届出書

　有価証券届出書とは，発行総額が1億円以上の有価証券の募集または売出しを行う際に，発行者が内閣総理大臣に提出する書類をいいます。この届出書には，その募集または売出しに関する事項（証券情報）とその会社の属する企業集団およびその会社の事業内容や経理の状況その他公益または投資家保護に必要かつ適当な事項（企業情報）が記載されます。

イ．有価証券報告書

　有価証券報告書とは，次の有価証券を発行する者が，事業年度経過後3ヶ月以内に内閣総理大臣に提出する書類をいいます。この書類には，**図表2**に示すとおり，その会社の属する企業集団およびその会社の事業内容や経理の状況その他公益または投資家保護に必要かつ適当な事項が記載されます。

① 金融商品取引所（証券取引所）に上場されている有価証券（上場会社）
② 店頭売買有価証券市場において売買するものとして認可金融商品取引業協会（日本証券業協会）に登録された店頭売買有価証券（店頭登録会社）
　法令上規定されていますが，現在，店頭登録会社は存在しません。

③ 有価証券届出書または発行登録追補書類を提出した有価証券（①および②を除く）（発行開示を行った会社）

　例えば，サントリーは未上場ですが，この③に該当することから有価証券報告書を提出しています。

④ 事業年度末または前4事業年度末のいずれかにおいて所有者が1,000名以上である株券等（①～③を除く）（外形基準該当会社）

　有価証券が上場されないまま流通し，多数の投資家に保有されることとなった場合においても，上場有価証券等と同様の情報開示を通じた投資家保護を図る必要があるとして規定されたものです。

図表2　有価証券報告書の記載事項

```
表紙
第一部　企業情報
　第1　企業の概要                    第4　提出会社の状況
　　1　主要な経営指標等の推移          1　株式等の状況
　　2　沿革                           2　自己株式の取得等の状況
　　3　事業の内容                     3　配当政策
　　4　関係会社の状況                 4　株価の推移
　　5　従業員の状況                   5　役員の状況
　第2　事業の状況                     6　コーポレート・ガバナンス
　　1　業績等の概要                       の状況等
　　2　生産，受注及び販売の状況       第5　経理の状況
　　3　対処すべき課題                  1　連結財務諸表等
　　4　事業等のリスク                  2　財務諸表等
　　5　経営上の重要な契約等          第6　提出会社の株式事務の概要
　　6　研究開発活動                  第7　提出会社の参考情報
　　7　財政状況，経営成績及びキャッ
　　　 シュ・フローの状況の分析
　第3　設備の状況
　　1　設備投資等の概要
　　2　主要な設備の状況
　　3　設備の新設，除却等の計画
第二部　提出会社の保証会社等の状況
```

ウ．四半期報告書

上記イの①または②に該当する上場会社または店頭登録会社は，事業年度の期間を3ヶ月ごとに区分した期間ごとに，その会社の属する企業集団の経理の状況その他公益または投資家保護に必要かつ適当な事項を記載した連結ベースの四半期報告書を，その各期間経過後45日以内に，内閣総理大臣に提出しなければなりません。ただし，第4四半期に係るものの提出は不要です。

投資情報として，企業業績等に係る情報がより頻繁に求められる会社は，幅広い投資家の参加が予定されている流動性の高い流通市場のある上場会社および店頭登録会社です。したがって，流動性の乏しい上記イの③および④の会社については，金融商品取引法にける開示規制の柔軟化を図る観点から，四半期報告書の提出が義務付けられる会社の範囲から除かれています。

エ．半期報告書

上記イの③または④に該当する四半期報告書を提出しなければならない会社以外の会社は，事業年度ごとに，その事業年度が開始した日以後6ヶ月間のその会社に属する企業集団およびその会社の経理の状況その他事業の内容に関する事項，その他の公益または投資家保護のために必要かつ適当な事項を記載した半期報告書を，その期間経過後3ヶ月以内に内閣総理大臣に提出しなければなりません。

3　適正開示

有価証券報告書等の法定開示書類が企業の分析によく用いられるのは，次の二つの理由からです。

① 　上記**図表2**に示すとおり，有価証券報告書をはじめとする開示書類は，法令により記載事項が詳細に定められている。これにより，経年比較，企業間比較が容易である。

② 　記載内容の正確性について，次のような一定の担保が法令において整備されている。

- 内閣総理大臣から委任を受けた金融庁，証券取引等監視委員会および財務（支）局における検査

- 財務諸表および内部統制報告書については，公認会計士等による監査証明
- 虚偽記載に対する課徴金，刑事罰，民事責任

　虚偽記載のある開示書類の提出は，証券市場を信頼して投資した投資家に不測の損害を与えるといった証券取引制度の根本を脅かすものです。このような行為を抑制するために，これらの罪を犯した者には，金融商品取引法で最も重い罪である10年以下の懲役もしくは1,000円以下の罰金に処せられ，またはこれらが併科されます。

4　EDINETによる開示書類の提出および縦覧

　金融商品取引法に基づくディスクロージャー制度は，有価証券報告書等の開示書類の提出，財務（支）局による受理（内閣総理大臣から委任），審査および公衆縦覧という一連の手続からなっています。この一連の手続は，従前は紙媒体で行われていましたが，平成13年6月から有価証券報告書等の一部の開示書類を対象に，通信回線を利用した電子開示システムが稼働しました。その後，順次開示書類の対象範囲が拡大され，平成16年6月からは，電子開示システムによる開示が原則として義務化されています。

　この電子開示システムをEDINET（Electronic Disclosure for Investors' NETwork）と呼び，金融商品取引法では「開示用電子情報処理組織」と定義されています。EDINETの導入により，提出されたすべての開示書類はインターネットを利用して閲覧することができるようになったことから，投資家による企業情報への迅速かつ公平なアクセスが実現しました。

　EDINETへのアクセスについては，第2章❶「EDINET（金融庁）へのアクセス」において，詳細に説明をしています。そちらをご覧ください。

　なお，内閣総理大臣は，図表3に示すとおり，有価証券報告書等の開示書類を，これらを受理した日からそれぞれに定める期間を経過する日までの間，公衆の縦覧に供しなければならないとされています。したがって，この公衆縦覧期間が経過した有価証券報告書等は，EDINETにおいて閲覧することができないのでご留意ください。

図表3　開示書類の公衆縦覧期間

開　示　書　類	公衆縦覧期間
有価証券届出書（参照方式によるものを除く）および訂正届出書	5年
参照方式による有価証券届出書および訂正届出書	1年
発行登録書，発行登録追補書類およびこれらの訂正発行登録書	発行登録が効力を失うまでの期間
有価証券報告書および訂正報告書	5年
内部統制報告書および訂正報告書	5年
四半期報告書および訂正報告書	3年
半期報告書および訂正報告書	3年
臨時報告書および訂正報告書	1年

❷ XBRL形式財務諸表

1　XBRLの導入

　上述のとおり，平成16年6月から電子開示システムEDINETによる開示が原則とされました。しかし，データ形式がHTML（Hyper Text Markup Language）を採用していたため，投資家等が有価証券報告書等の財務諸表を分析等で利用するためには再入力が必要でした。そこで，金融庁では，次のことを踏まえ，平成20年3月17日よりXBRL（eXtensible Business Reporting Language）を導入した新EDINETを稼働しています。

　① 投資家等が有価証券報告書等の開示情報を取得・加工・分析しやすくするためには，二次加工可能なデータ形式による開示データを，EDINETを通じて投資家に提供する。

　② その際，開示データをできるだけ多くの投資家等に利用可能とするためには，有価証券報告書等利用者が使用するクライアント環境に極力依存しないような方式を採用する等，アクセシビリティの向上を図る。

このXBRLとは，財務情報等を効率的に作成・流通・利用できるよう国際的に標準化されたコンピュータ言語です。XBRLでは財務報告の電子的雛形である「タクソノミ」(注1)をもとに，財務報告内容そのものを表す「インスタンス」(注2)を作成します。XBRL形式の財務諸表は，任意の形式に加工し，分析，企業間または経年での比較を容易に行うことができます。

これにより，新EDINETでは，従来と同様にインターネットで有価証券報告書等の開示書類を閲覧することができ，さらに，財務諸表本表についてはXBRL形式のデータをダウンロードし，分析等において利用することができるようになっています。

(注1)「タクソノミ」とは，インスタンス文書を作成するために使用する記載項目の辞書ファイルです。EDINETでは，金融庁から「現金及び預金」，「売上高」といった勘定科目を含む4,000以上の記載項目を登録したタクソノミが提供されています。有価証券報告書等の作成者は，このタクソノミを参照してインスタンス文書を作成します。

(注2)「インスタンス」とは，最終的に作成され提出対象となるXBRL形式のデータ・ファイルです。EDINETでは財務諸表の内容がこれに該当します。

しかし，投資家等が財務諸表本表についてXBRL形式のデータをダウンロードし，それを分析するためには，専用の汎用ソフトウェアが必要となります。そこで，**第2章 2**「無料閲覧ソフトTeCAXの操作方法」において，フリーウェア（無料）ソフトであるTeCAX（テカックス）の使用方法をわかりやすく説明しています。このソフトおよびExcelを使って，実際に財務諸表分析を行い，是非XBRLの利便性を実感してください。

2　XBRLの対象範囲

ア.日本基準による連結財務諸表

新EDINETでは，有価証券届出書，有価証券報告書（**図表4**），四半期報告書（**図表5**）および半期報告書の「経理の状況」に記載する財務諸表のうち，（連結）貸借対照表，（連結）損益計算書，（連結）包括利益計算書，（連結）株主資本等変動計算書，（連結）キャッシュ・フロー計算書については，注記事項や附属明細表等を除き，XBRL形式で作成しなければなりません。

財務諸表の注記事項や附属明細表，財務諸表以外の定性的情報については，従

来どおりのHTML形式により作成されています。

図表4　有価証券報告書の経理の状況

第一部【企業情報】
　第5【経理の状況】
　　1【連結財務諸表等】
　　　(1)【連結財務諸表】
　　　　　①【連結貸借対照表】
　　　　　②【連結損益計算書】
　　　　　　　②③の代わりに【連結損益及び包括利益計算書】
　　　　　③【連結包括利益計算書】
　　　　　④【連結株主資本等変動計算書】
　　　　　⑤【連結キャッシュ・フロー計算書】
　　　　　⑥【連結附属明細表】
　　　(2)【その他】
　　2【財務諸表】
　　　(1)【財務諸表】
　　　　　①【貸借対照表】
　　　　　②【損益計算書】
　　　　　③【株主資本等変動計算書】
　　　　　④【キャッシュ・フロー計算書】
　　　　　　　個別キャッシュ・フロー計算書は，連結財務諸表を作成していない会社のみに求められている。したがって，連結財務諸表を作成している会社は，個別キャッシュ・フロー計算書の記載は要しない。
　　　　　⑤【附属明細表】
　　　(2)【主な資産及び負債の内容】
　　　(3)【その他】

（注）網かけ部分がXBRLの対象範囲（ただし，注記事項は除く）

図表5　四半期報告書の経理の状況

第一部【企業情報】
第5【経理の状況】
　1【四半期連結財務諸表】
　　(1)【四半期連結貸借対照表】
　　(2)【四半期連結損益計算書】
　　　　(2)(3)の代わりに【連結四半期損益及び包括利益計算書】
　　(3)【四半期連結包括利益計算書】
　　(4)【四半期連結キャッシュ・フロー計算書】
　　　　第1四半期および第3四半期において，四半期連結キャッシュ・フロー計算書の記載を省略することができる。
　2【その他】
　(注) 四半期（個別）財務諸表の記載は，四半期連結財務諸表を作成していない会社のみに求められている。したがって，四半期連結財務諸表を作成している会社は，四半期（個別）財務諸表の記載は要しない。

(注) 網かけ部分がXBRLの対象範囲（ただし，注記事項は除く）

イ．米国式連結財務諸表

(a) 金融商品取引法上の連結財務諸表としての米国式連結財務諸表

　パナソニックやトヨタ自動車のように米国預託証券（ADR：American Depositary Receipt）(注3)を米国市場に上場し，米国証券取引委員会（SEC：Securities and Exchange Commission）に米国式連結財務諸表を登録している会社は，金融商品取引法上の連結財務諸表として，米国式連結財務諸表を提出することが認められています。また，米国証券取引委員会（SEC）に登録されていない会社であっても，わが国に連結財務諸表制度が導入された昭和52年4月より米国式連結財務諸表を作成している者は，当分の間，米国式連結財務諸表の提出が認められています。

　　(注3) 預託証券とは，株式等の国外での流通を円滑にするため，その株式等の発行地に所在する保管機関が原株式等を保管し，国外にある預託機関が原株式等に代わる預託証券を発行し，その預託機関が預託証券の保有者に代わって，配当の受領，議決権の行使等を行うものです。

　このような米国式連結財務諸表を作成している会社は，米国式連結財務諸表に

ついてはHTML形式により作成され，日本基準により作成する個別財務諸表については，注記事項や附属明細表等を除き，XBRL形式により作成されています。

平成23年12月末現在，米国式連結財務諸表の提出が認められているのは，図表6の33社です。

図表6　米国式連結財務諸表の提出会社

【商社】三菱商事，三井物産，伊藤忠商事，丸紅
【金融】野村ホールディングス，オリックス
【製造業】トヨタ自動車，ホンダ，日立製作所，東芝，パナソニック，ソニー，キャノン，リコー，富士フイルムホールディングス，三洋電機(注)，三菱電機，TDK，オムロン，村田製作所，京セラ，日本電産，クボタ，日本ハム，ジュピターテレコム，アドバンテスト，マキタ，ワコールホールディングス，インターネットイニシアティブ，コマツ，コナミ，NTT，NTTドコモ
(注)平成23年4月1日にパナソニックの完全子会社化により上場廃止

(b) 日本企業の米国証券取引委員会における米国式連結財務諸表

上記会社のXBRL形式による米国式連結財務諸表を入手したい方は，その会社がパナソニックやトヨタ自動車等のように米国預託証券（ADR）を米国市場に上場し，米国証券取引委員会（SEC）に米国式連結財務諸表を登録している者であれば，同委員会のEDGAR（Electronic Data Gathering Analysis and Retrieval System）にアクセスしてください。XBRL形式での米国式連結財務諸表を入手することができます。ただし，英文表記を日本語に変換することはできません。

EDGARへのアクセスについては，第3章 ■「EDGAR（米国証券取引委員会：SEC）へのアクセス」で，詳細に説明しています。そちらをご覧ください。

(c) 日本基準による連結財務諸表との比較

米国式連結財務諸表を日本基準による連結財務諸表と比較する際には，同じ用語であっても含まれる範囲や計算方法までも同じとは限らない，ということに注意が必要です。日本基準との大きな違いは，図表7に示すとおり，連結貸借対照表では流動資産の下に「投資及び貸付金」という項目があること，固定資産の枠

組みが異なることなどです。また，連結損益計算書においては，経常利益の表示がないことです。経常利益は，日本では注目度の高い項目ですが，日本企業と米国企業の間で，経常利益に関連する指標を比較することはできません。

図表7　米国式連結財務諸表

連結貸借対照表	連結損益計算書
資産の部 　流動資産 　投資及び貸付金 　有形固定資産 　その他の資産 　資産合計 負債の部 　流動負債 　固定負債 　負債合計 資本の部 　当社株主資本 　被支配持分 　資本合計 契約残高及び偶発債務 　負債及び資本合計	売上高 売上原価 売上総利益 販売費及び一般管理費 営業利益 営業外損益 法人税等 持分法による投資利益 被支配持分帰属利益控除前当期純利益 被支配持分帰属利益 当社株主に帰属する当期純利益

（出所）平成23年3月期のパナソニックの有価証券報告書から作成。

ウ．国際会計基準（IFRS）による連結財務諸表

(a) 国際会計基準（IFRS）の任意適用

　国際的な財務活動または事業活動を行う会社で，次のいずれかの要件を満たす特定会社は，**図表8**に示すとおり，連結財務諸表を国際会計基準（IFRS：International Financial Reporting Standards）により作成することが認められています。いわゆる国際会計基準の任意適用会社です。

　① 外国の法令に基づきIFRSでの開示を行っていること
　② 外国の取引所規則に基づきIFRSでの開示を行っていること

③ 外国に資本金20億円以上の子会社を有していること　等

図表8　三つの連結会計基準

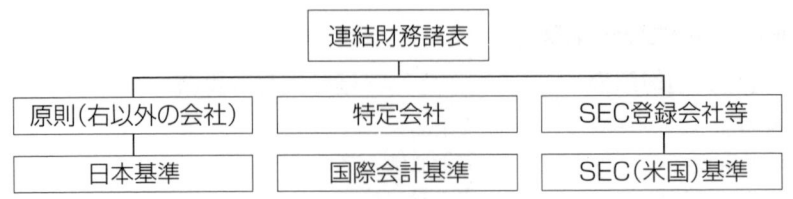

　この国際会計基準（IFRS）により作成する連結財務諸表については，HTML形式により作成され，日本基準により作成する個別財務諸表については，注記事項や附属明細表等を除き，XBRL形式により作成されています。

　ただし，連結財務諸表である財政状態計算書，包括利益計算書，持分変動計算書，キャッシュ・フロー計算書をXBRL形式で作成し，HTML形式と併せてEDINETに提出することができます。この場合，日本基準により作成する個別財務諸表もXBRL形式と併せてHTML形式で作成しなければなりません。

(b) 任意適用会社

　平成23年12月末現在において，国際会計基準（IFRS）により連結財務諸表を作成しているのは，日本電波工業，住友商事，HOYAの3社です。このうち日本電波工業は，XBRL形式およびHTML形式の両方で連結財務諸表を作成しています。他の2社は，連結財務諸表をHTML形式で作成しています。

　このほか，日本板硝子は平成24年3月期から，SBIホールディングスおよびディー・エヌ・エーは平成25年3月期からIFRSの任意適用を公表しています。

　また，三井住友ファイナンシャルグループは，米国預託証券（ADR）のニューヨーク証券取引所への上場（平成23年11月1日）に際して，米国証券取引委員会（SEC）へ提出した登録届出書（Form20-F）を，国際会計基準（IFRS）の連結財務諸表で作成しています。この登録届出書（Form20-F）は，米国証券取引委員会（SEC）のEDGARにおいて閲覧・入手することができます。

(c) 国際会計基準（IFRS）による連結財務諸表

　素早く会計基準を理解する方法は，財務諸表や注記を見ながら会計基準を読んでいくことです。これは国際会計基準（IFRS）についても当てはまります。日本語で記述されている日本電波工業，住友商事またはHOYAの連結財務諸表でそれを実践してみてください。

　国際会計基準（IFRS）と日本基準との大きな違いは，**図表9**に示すとおり，まず財務諸表の名称が異なることです。連結貸借対照表の代わりに連結財政状態計算書が，連結損益計算書の代わりに連結包括利益計算書が作成されます。また，連結包括利益計算書においては，当期利益の下に「当期包括利益合計」があることが大きな違いです。

図表9　IFRSによる連結財務諸表

連結財政状態計算書	連結包括利益計算書
資産の部 　流動資産 　非流動資産 　資産合計 負債の部 　流動負債 　非流動負債 　負債合計 資本の部 　親会社の所有者に帰属する持分 　資本合計 負債及び資本合計	売上高 売上原価 売上総利益 販売費及び一般管理費 研究開発費 その他の営業収益 その他の営業費用 営業利益 金融収益 金融費用 税引前当期利益 法人所得税費用 当期利益 その他の包括利益 当期利益の帰属 当期包括利益合計額の帰属

（出所）平成23年3月期の日本電波工業の有価証券報告書から作成。

3 証券取引所TDnet

　証券取引所のTDnet（適時開示情報伝達システム：Timely Disclosure Network）でも，EDINETに先行して，決算短信のサマリー情報と連結財務諸表および個別財務諸表の本表がXBRL化されています。

　TDnet（適時開示情報伝達システム）とは，各上場会社からインターネットを通じて登録された決算短信等の適時開示情報が，東京証券取引所等の各証券取引所のホームページや適時開示情報閲覧サービス，情報ベンダー等を通じて，投資家に配信されるシステムです。

　決算短信とは，証券取引所の有価証券上場規程に基づき，上場会社が決算発表および四半期決算発表を行う際に，規程の様式に従い決算内容を取りまとめた書類です。このサマリー情報の連結業績には，前期と当期の連結経営成績，連結財政状態，連結キャッシュ・フローの状況等と併せて連結財務諸表および個別財務諸表が記載されます。

　このように上場会社は，有価証券上場規程に基づき，会社情報の開示を行う場合には，必ずTDnetを利用することが義務付けられています。また，任意で会社情報を開示する場合においても，投資家への情報の周知性を考慮し，できる限りTDnetにより開示することが要請されています。

4 米国証券取引委員会（SEC）EDGAR

　わが国の金融商品取引法は，昭和22年3月に，米国の1933年証券法（Securities Act of 1933）および1934年証券取引所法（Securities Exchange of 1934）を範として制定された証券取引法を改正したものです。このため，わが国のディスクロージャー制度は，米国のそれと似た内容となっています。

　発行開示として，有価証券の募集を行う場合には，発行者は「登録届出書（Registration Statement）」（わが国の有価証券届出書に相当）を米国証券取引委員会（SEC）に提出しなければなりません。

　また，継続開示として，登録届出書を提出した者や有価証券を証券取引所に上場した者等は，Form10-Kによる年次報告書（Annual Report，外国会社はForm20-Fにより作成，わが国の有価証券報告書に相当），Form10-Qによる四

半期報告書（Quarterly Report，わが国の四半期報告書に相当）およびForm8-Kによる臨時報告書（Current Report，わが国の臨時報告書に相当）を米国証券取引委員会（SEC）に提出することとされています。

　外国会社を含むすべての米国上場会社のこれらの開示書類は，電子開示システムであるEDGARシステムへの報告が義務付けられています。EDGARシステムへのXBRLの導入は2009年7月からです。わが国のEDINETがXBRLを導入したのが2008年3月ですから，米国を1年以上先んじることとなりました。これは，資本市場において，わが国が米国を一歩リードした稀有な例ということができます。ただし，EDINETでのXBRL化の対象範囲は財務諸表本表のみですが，EDGARでは注記を含めた財務報告全体がXBRL化の対象となっています。

　EDGARへのアクセスについては，第3章 １「EDGAR（米国証券取引委員会：SEC）へのアクセス」で，詳細に説明しています。そちらをご覧ください。

第2章
日本企業のデータ収集

❶ EDINET（金融庁）へのアクセス

　金融庁では，平成13年から電子開示システムであるEDINET（Electronic Disclosure for Investors' Network）が導入されています。その後，平成20年4月以降開始の事業年度から財務報告に関わる中心部分（財務諸表本体）のデータについては，XBRL形式により提出することになっています。

1　有価証券報告書等へのアクセス

1　EDINETのサイトにアクセス

　有価証券報告書等を入手するには，下記のEDINETのサイトにアクセスします（http://info.edinet-fsa.go.jp/）。

❶「閲覧」の「有価証券報告書等」ボタンをクリックします。

第2章 日本企業のデータ収集

2 | 特定の会社の検索

特定の会社の検索は次のように行います。

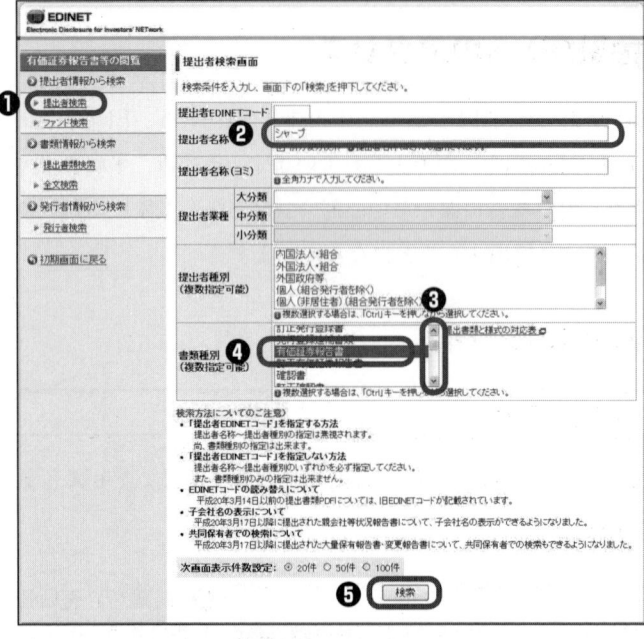

❶「提出者検索」のリンクをクリックします。
❷「提出者名称」欄に検索したい会社名称（ここでは「シャープ」とします）を入力します。
❸「書類種別」欄のバーをスライドさせ，隠れて見えない下方を表示させます。
❹「有価証券報告書」をクリックして選択します。
❺「検索」ボタンをクリックします。

❻表示された提出先名称一覧から，検索したい会社を選び，そのEDINETコードをクリックします。

| 3 | 有価証券報告書の表示 |

現時点までに提出された有価証券報告書の一覧が表示されます。

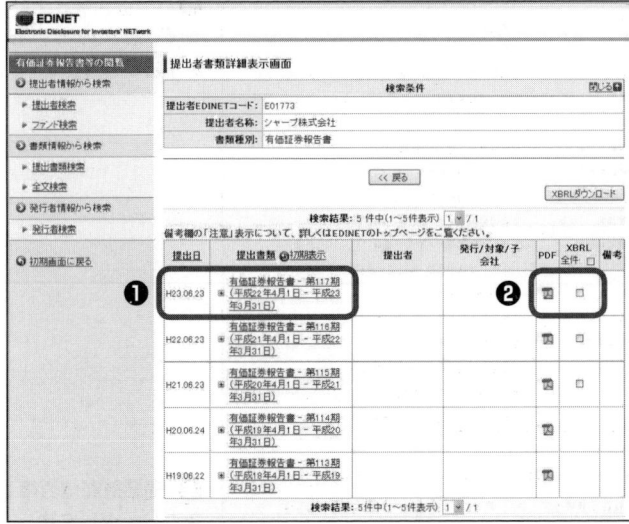

❶入手したい事業年度の提出書類を表示するには, その事業年度をクリックします。
❷なお, PDFファイルやXBRLファイルがダウンロードできるボタンも表示されます。

第2章　日本企業のデータ収集

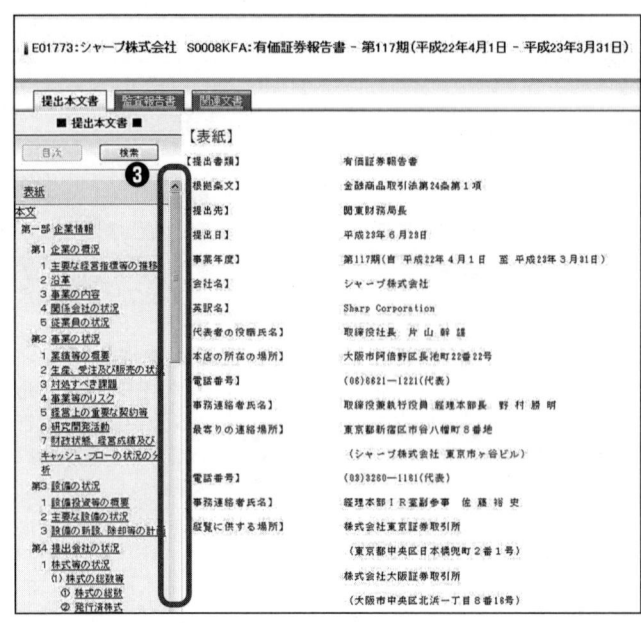

有価証券報告書の目次の画面が表示されますので，ここでは，連結財務諸表等を探してみます。
❸バーをスライドさせて，目次の下方を表示させます。

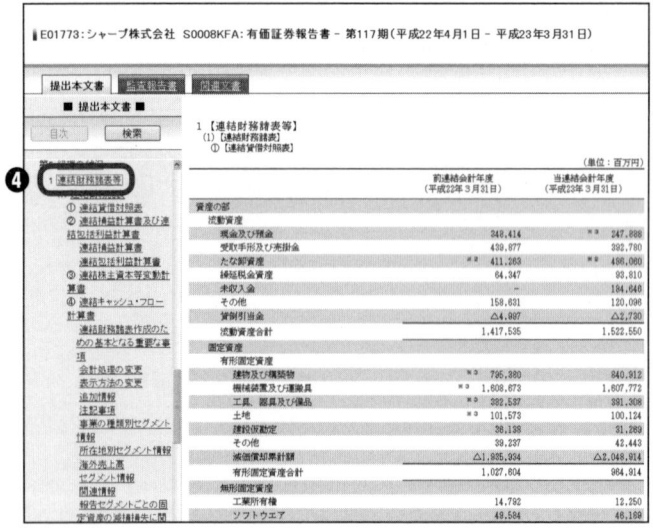

❹「連結財務諸表等」をクリックします。

2 ファイルのダウンロード

1 PDFファイルのダウンロード

　有価証券報告書ではPDFファイルがEDINET上アップされています。これをダウンロードするには，まず1の③の手順まで進みます。以下に，PCに書類として保存したい場合の方法を示します。

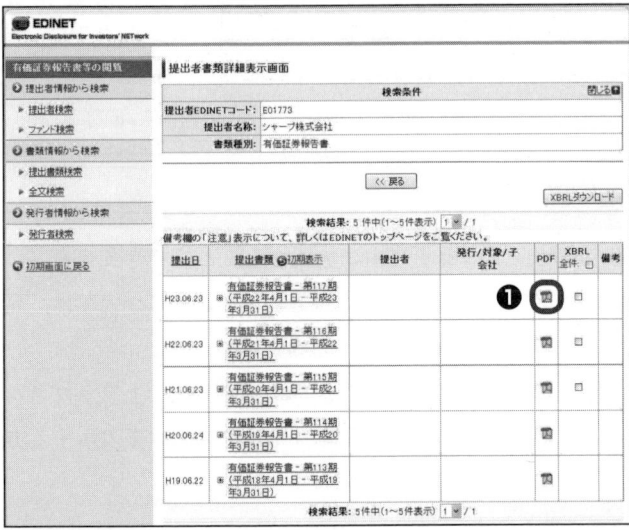

❶PDFファイルのアイコンをクリックします。
※セキュリティ保護のためダウンロードをブロックする旨の表示が出た場合には，お使いのブラウザのヘルプを参照して，一時的にダウンロードを許可してください。

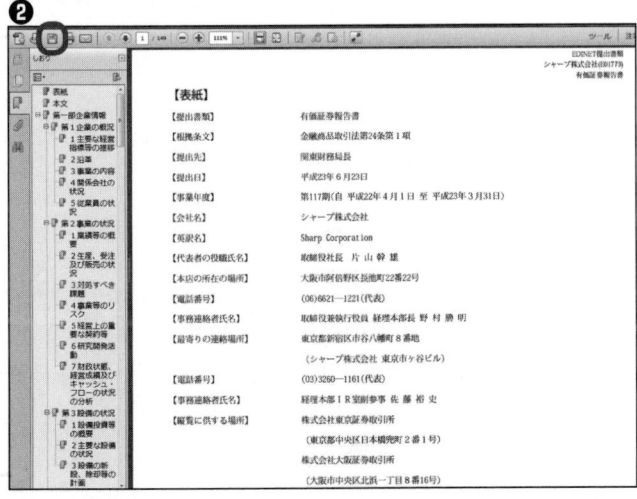

❷自動的にAdobe Readerが起動し，PDFファイルが開きます。Adobe Reader上の保存ボタンをクリックします。
※PDFファイルの閲覧には，Adobe社によるAdobe Reader（無料）のダウンロードが必要です。

第2章　日本企業のデータ収集

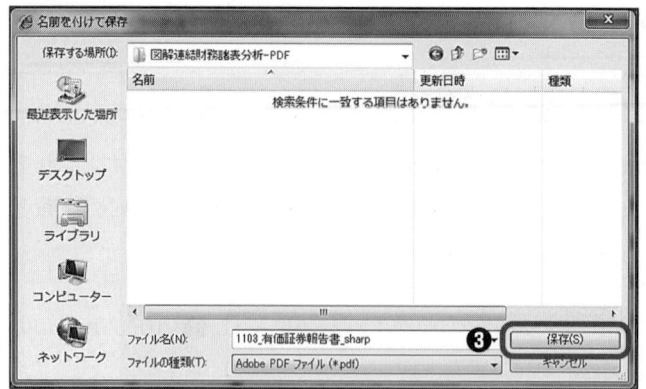

❸PCに保存します。マイドキュメントの適当なフォルダーを選択し，保存ボタンをクリックします（ここでは，「図解連結財務諸表分析-PDF」フォルダーにファイル名「1103_有価証券報告書_sharp」をつけて保存しています）。

| 2 | XBRLファイルのダウンロード |

　PDFファイルを保存しても，データを自由に加工することはできません。ただし，XBRL形式で作成されている財務諸表および連結財務諸表については，専用の汎用ソフトウェアなどを通じて，直接加工することができます。

　直接加工する方法は❷以降で紹介します。ここでは，EDINET上アップされているXBRL形式のデータをPCにダウンロードし，データの内容を表示する方法を紹介します。

　まず，1の③の手順まで進みます。

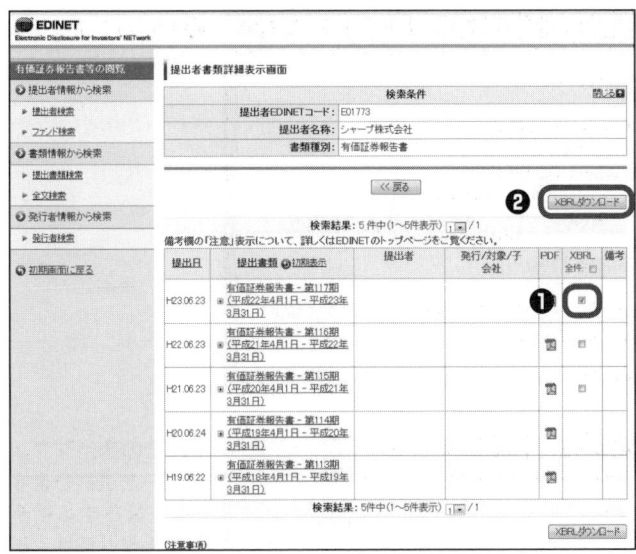

❶ダウンロードしたい書類の「XBRL」欄のチェックボックスをクリックし、オンにします。

❷「XBRLダウンロード」ボタンをクリックします。

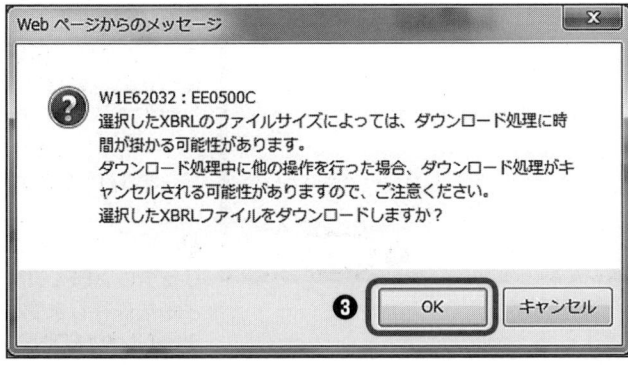

❸確認画面が表示されたら、「OK」ボタンをクリックします。

第2章 日本企業のデータ収集

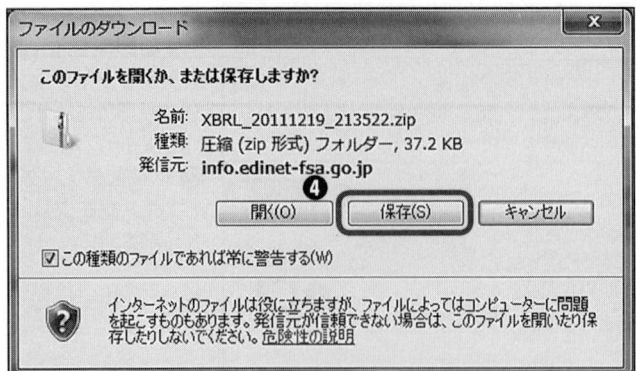

❹「保存」をクリックします。

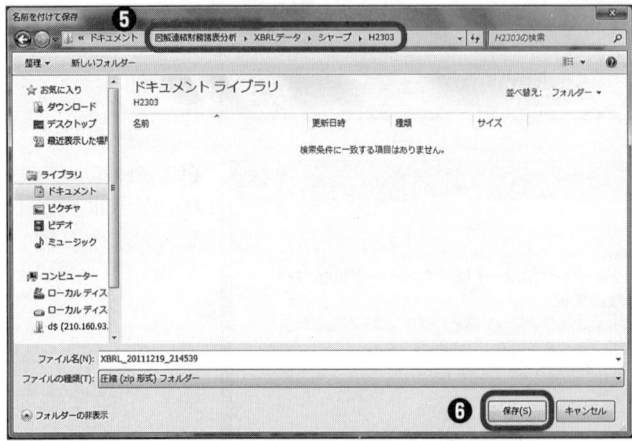

❺PCの適当なフォルダーを選択します。PCへ保存する場合, フォルダーにはできるだけ後で見てわかりやすい名前にします。ここでは,「図解連結財務諸表分析」>「XBRLデータ」>「シャープ」>「H2303」(23年3月期を表す)にしています。

❻「保存」ボタンをクリックし, XBRLファイルを保存します。ファイル名はEDINET上自動的につけられています。変更も可(例 XBRL_Sharp_H2303)。

| 3 | XBRLファイルの表示 |

　この項目では，XBRLファイルがどのように保存されているかについて説明します。なお，このXBRLファイルを実際に読むためには，専用の汎用ソフトウェア（TeCAX，XiRUTE等のビューア）が必要となります。それについては，**2**以降で説明します。

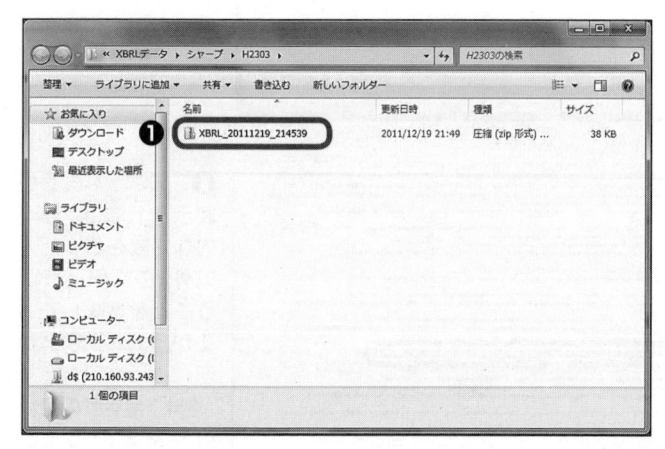

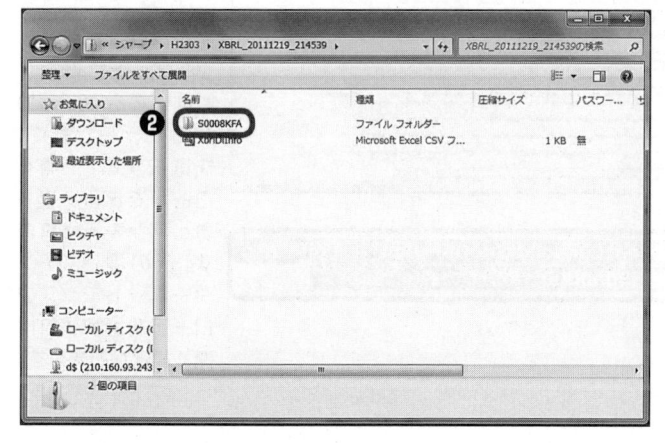

❶ダウンロードしたファイルは，左記の先ほどダウンロードしたフォルダーの中に入っています。このファイルは圧縮されているので，フォルダーを右クリックし，「すべて展開」を選択して解凍します。解凍後のフォルダーは，圧縮フォルダーの下に新しく作られています。

❷ここでは「S0008KFA」フォルダーと「XbrlDinfo」のCSVファイルが保存されています。「S0008KFA」フォルダーをダブルクリックして開きます。

第2章　日本企業のデータ収集

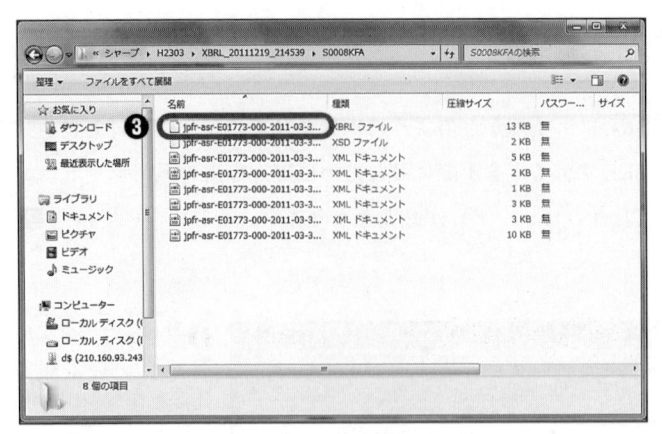

❸ XBRLファイルをダブルクリックします。

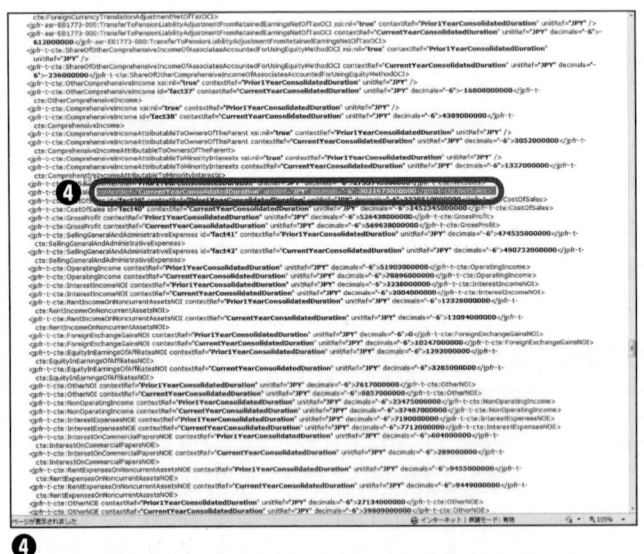

❹ このような画面が表示されます。専門的な知識をもった人以外、これがどういうことを意味しているか、わからない状況になっています（意味：当年度の連結財務諸表の売上は3,021,973百万円）。

なお、XBRLファイルをダブルクリックして、何も表示されない場合は、「他のプログラムで開く」を選択すると、開くことができるソフトウェアが表示されます。この場合、インターネットエクスプローラを選択すれば、開くことができます。

| 4 | ダウンロードしたXBRLファイルに関するExcelの表示 |

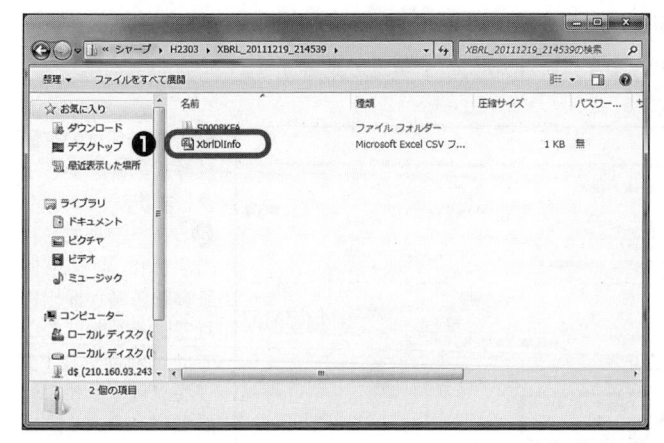

❶「XbrIDinfo」のCSVファイルをダブルクリックすると，下記のExcelシートがオープンします。

❷ダウンロードしたXBRLの会社名，書類名が表示されます。

	A	B	C	D
1	ダウンロードデータ作成日	2011年12月19日現在	件数	1件
2	書類管理番号	書類名	EDINET（ファンド）コード	提出者（ファンド）
3	S0008KFA	有価証券報告書	E01773	シャープ株式会社
4				

第2章 日本企業のデータ収集

| 5 | 株主総会招集通知等の表示 |

　株主総会招集通知や株主総会決議通知あるいは定款等の文書についても，閲覧することができます。まずは，1の③の手順まで進みます。

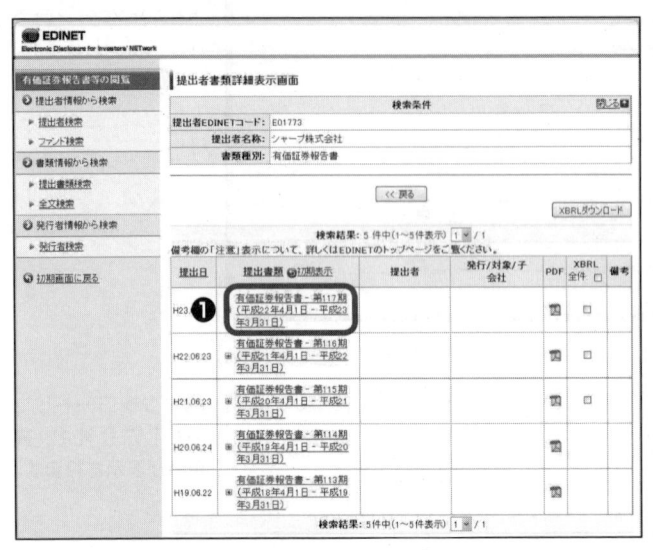

❶見たい年度の有価証券報告書をクリックします。

❷シャープ株式会社のように，訂正有価証券報告書が提出されているものについては，「関連文書」タブをクリックすれば閲覧できます（訂正有価証券報告書が提出されていない会社については，この「関連文書」タブの表示の代わりに，「代替書面・添付文書」のタブが表示されます）。

❸訂正有価証券報告書のリンクをダブルクリックすると，訂正有価証券報告書の画面が表示されます。

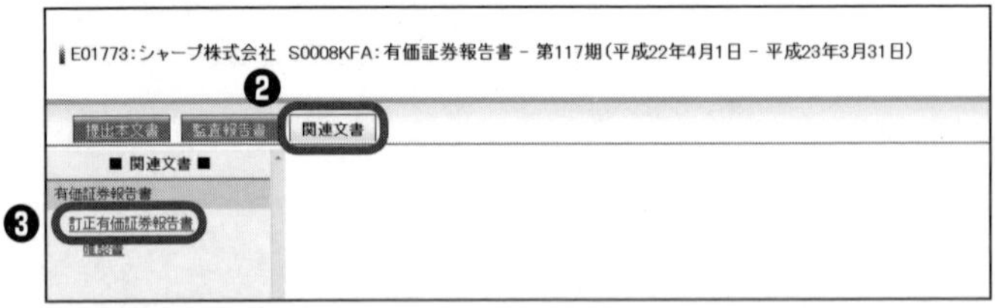

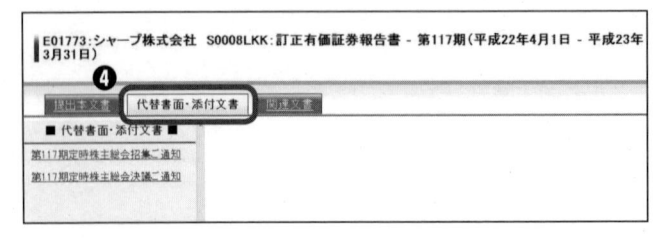

❹さらに「代替書面・添付文書」タブをクリックします。

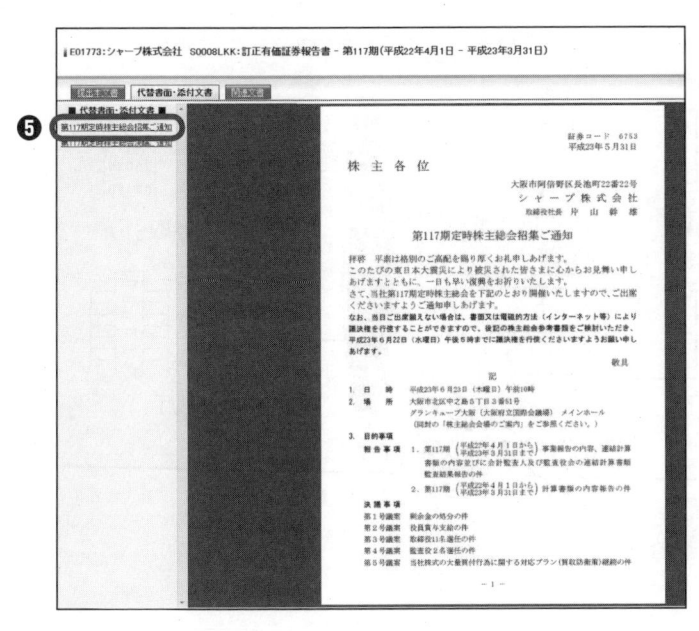

❺表示したい書類をクリックすると，株主総会招集通知などを見ることができます。

❷ 無料閲覧ソフトTeCAXの操作方法

　XBRLファイルを読むことができるビューアソフト（閲覧ソフト）には，フリーウェア（無料）ソフトであるTeCAX（テカックス）があります。このソフトは，金融庁のEDINETや東京証券取引所の適時開示情報伝達システム（TDnet）において公開されているXBRLファイルの自動収集と閲覧を行うものです。

　このソフトを使いXBRLファイルを自動的にダウンロードすることにより，XBRLファイルの閲覧，XBRLデータの解析等が可能となります。また，XBRLファイルから変換されたExcelファイルを出力，保存することによって，財務分析が自力で可能となります。

第2章 日本企業のデータ収集

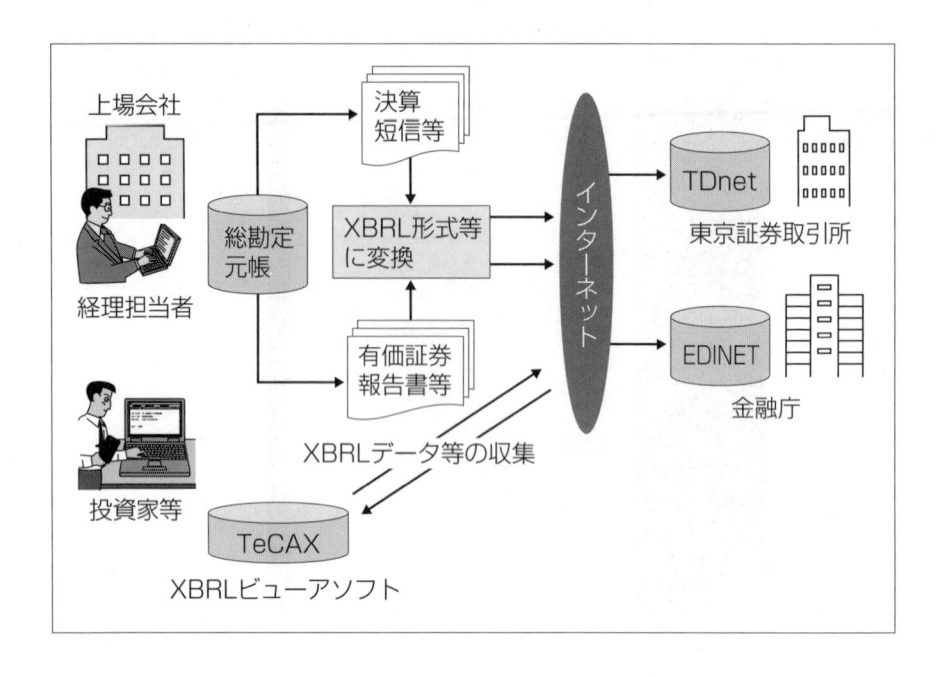

1 TeCAXフォルダーの作成

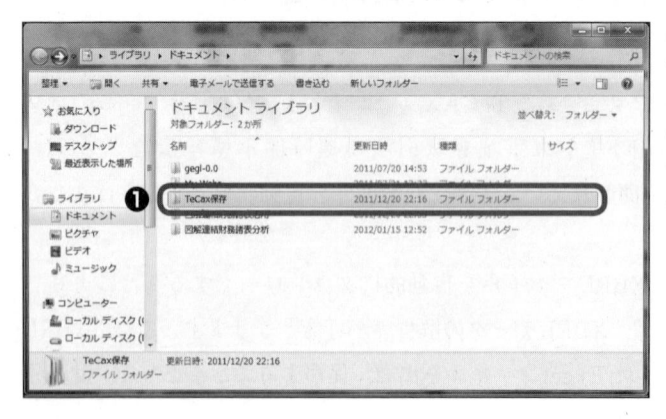

❶ダウンロードする前に、TeCAXソフトを保存しておくためのフォルダー(ここでは「TeCax保存」フォルダー)をドキュメントフォルダーの中に作成しておきます。

2 ソフトの入手方法

まず，TeCAXの公式サイト，http://tecaweb.net/software/tecax.phpにアクセスします。

❶「TeCAX」ボタンをクリックします。なお，「TeCAX」ボタンの上の「TeCAPro」ボタンは有料ソフトですので，間違わないように注意する必要があります。
❷ダウンロード画面へのリンクをクリックします。

❸この画面が表示されたら，「TeCAX」のリンクをクリックします。

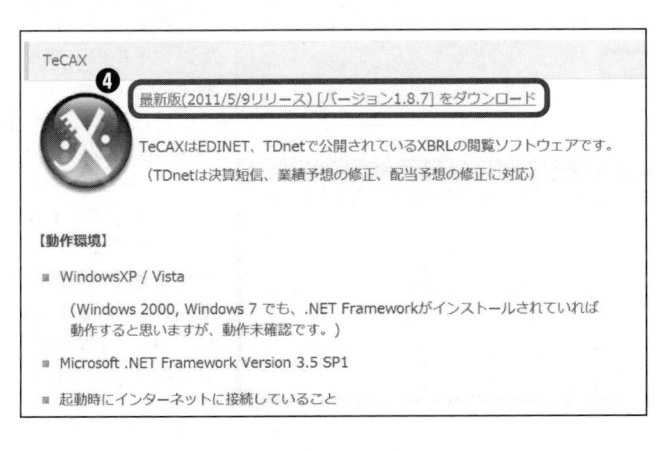

❹ダウンロードの画面が表示されますので，クリックしてダウンロードします。

第2章　日本企業のデータ収集

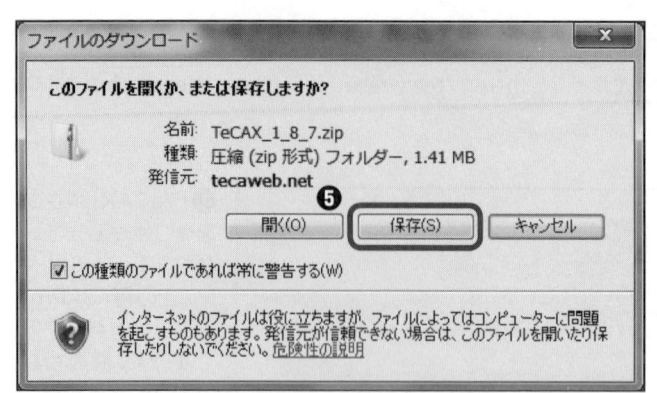

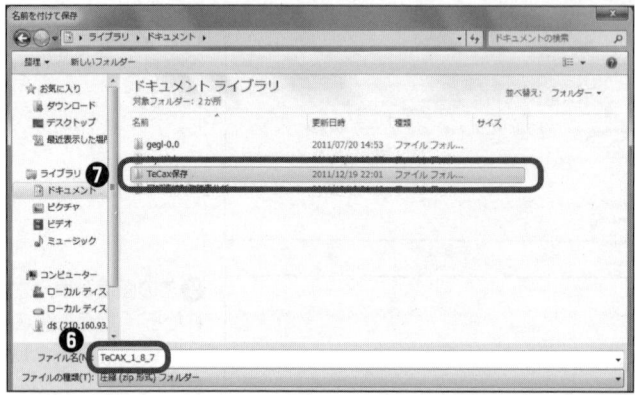

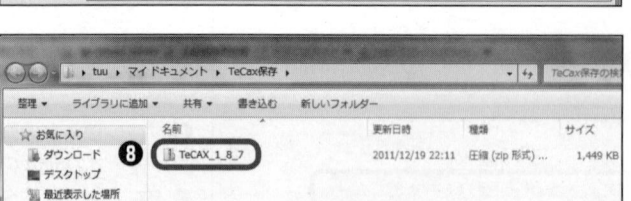

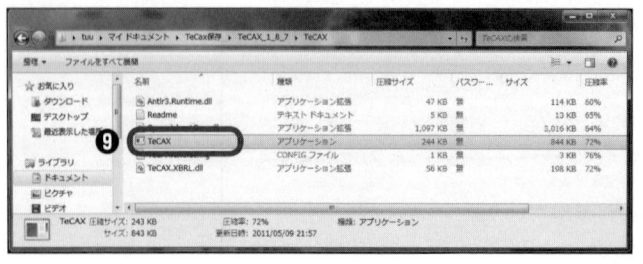

❺「保存」を選択します。

❻「TeCax_1_8_7」というファイル名のついたファイルがダウンロードされ、保存場所を聞かれます。
❼先ほど作成したTeCaxフォルダーを選択して保存します。
❽ファイルは圧縮されているので、開くためには、フォルダーをダブルクリックして解凍します。
❾解凍後のフォルダーをクリックすると、ダウンロードしたファイルの一覧が表示されます。「TeCAX」という名前のファイルがビューアソフトのメインファイルです。まだ、この状態では圧縮された状態(サイズが244Kとなっている)です。「TeCAX」をダブルクリックします。

32

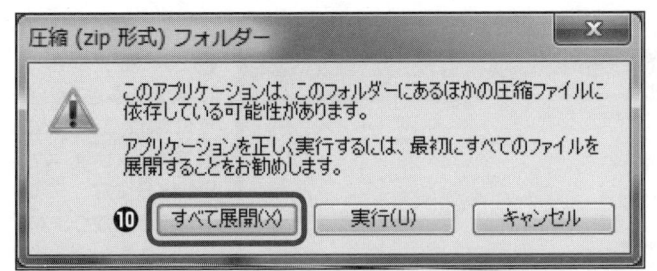

❿確認画面が表示されたら,「すべてを展開」ボタンをクリックします。

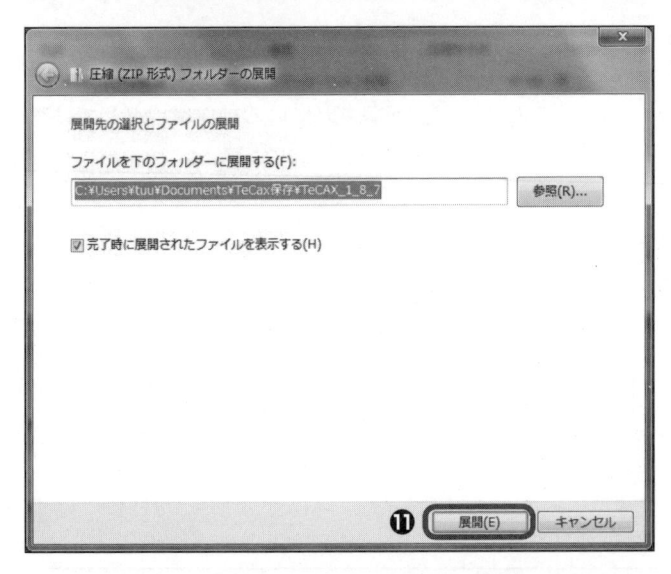

⓫次に表示される画面で「展開」ボタンをクリック。

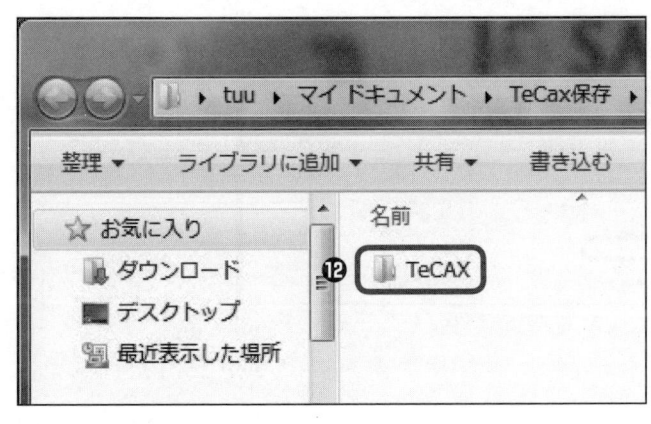

⓬展開された後,解凍後のフォルダーが表示されます。

⓭ ⓭これをダブルク
リックすると左のよ
うになり，TeCaxの
解凍後のサイズが
844KBになってい
ることがわかります。

3　動作環境

　TeCAX WEBのホームページによれば，記載されている動作環境としては次のとおりです。

- WindowsXP / Vista
- Microsoft .NET Framework Version 3.5 SP1
- 起動時にインターネットに接続していること

　なお，ホームページにおいては「Windows 2000, Windows 7でも，.NET Frameworkがインストールされていれば動作すると思いますが，動作未確認です。」となっていますが，Windows 7でも動作することを筆者は確認済みです。

4　操作方法

1 ｜ 起動

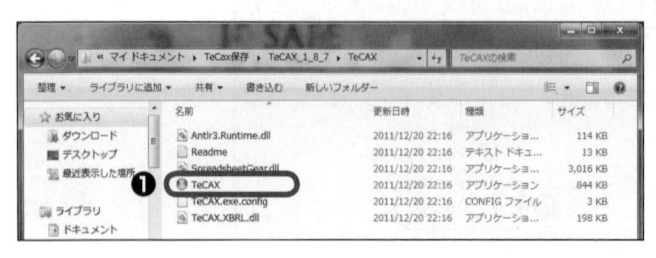

❶ ❶「TeCAX」ファイルをダブルクリックします。

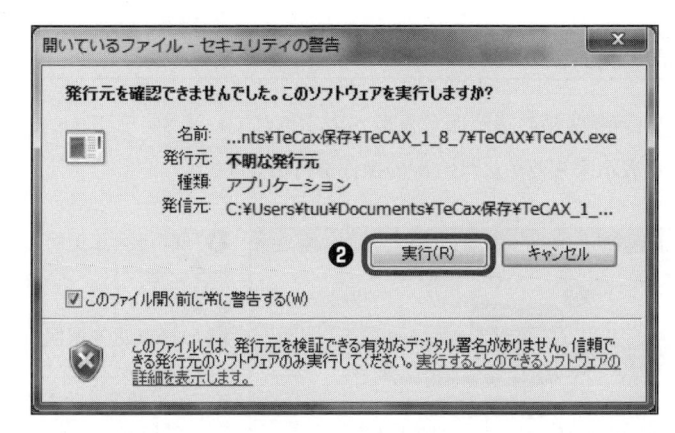

❷確認画面が表示されたら、実行ボタンをクリックします。

❸「TeCAXをロードしています」と表示され、ソフトが起動します。

❹インターネットに接続されている状態であれば、TeCAXがEDINETおよびTDnetに自動的にアクセスし、最新のXBRLデータをTeCAXエクスプローラの画面に表示します。

2 EDINETの情報収集

前頁の画面では，TDnet関係の適時開示書類が表示されています。EDINETの有価証券報告書等を表示するためには，次の操作を行います。

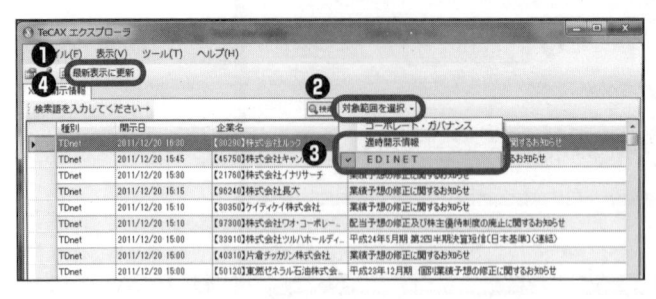

❶「最新表示に更新」ボタンをクリックします。

❷「対象範囲を選択」ボタンをクリックします。下記のようにコーポレート・ガバナンス，適時開示情報，EDINETが表示されます。現在は適時開示情報が選択されているので，TDnetの情報が表示されています。

❸「適時開示情報」をクリックしてチェックをはずし，EDINETをクリックします。

❹「最新表示に更新」ボタンを再度クリックします。

❺ EDINETの情報が表示されます。

3 特定の会社等の検索

特定の会社の有価証券報告書に限定して検索する場合は，以下の作業を行います。

なお，訂正有価証券報告書は抽出できるようになっていません。EDINETに直接アクセスするか，有報Catcher（第2章❸参照）にアクセスし，会社を選択してIR・有報情報により情報を入手する方法等で対応することになります。

また，米国会計基準または国際会計基準に基づき作成された連結財務諸表を有価証券報告書の連結財務諸表とすることが認められている会社の連結財務諸表は，XBRLファイルでの提出が義務付けられていません。したがって，TeCAXではデータが収集されません。EDINETに直接アクセスして閲覧するか，EDINETにアップされているPDFファイルをダウンロードして情報を収集することになります。

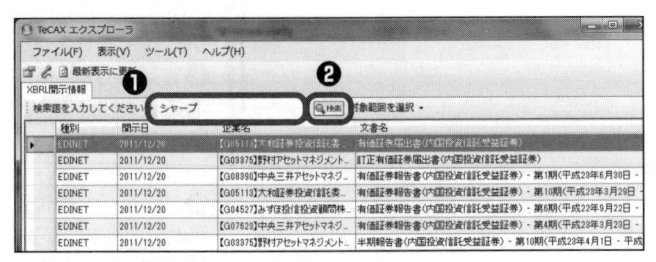

❶「検索語を入力して下さい」の右にある欄に抽出したい会社の名前（ここでは「シャープ」）を入力します。
❷「検索」ボタンを押します。
❸検索結果が表示されます。

4　特定の会社の有価証券報告書の閲覧

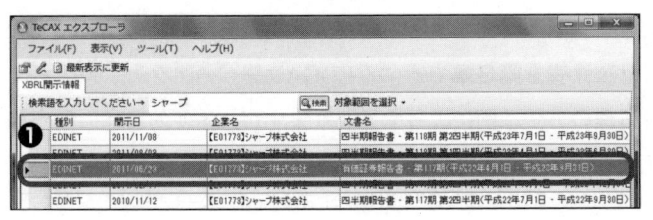

❶検索した会社の有価証券報告書を閲覧する場合は，閲覧したい年度の「有価証券報告書」をダブルクリックします。

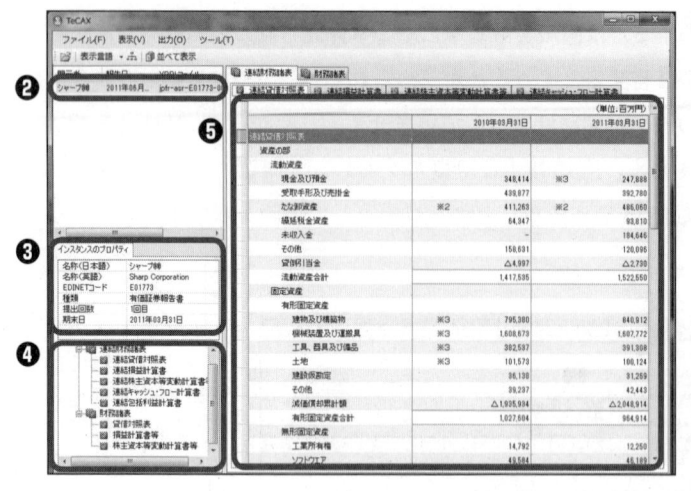

❷ 入手したXBRLファイル名です。この画面では、EDINETにアクセスして該当する有価証券報告書のXBRLファイルをダウンロードしたうえで、XBRLファイルの内容を解析したものが表示されています。

❸ 書類の種類、事業年度、EDINETコード等が表示されています。

❹ XBRLの文書情報が表示されています。

❺ 右欄には、文書内容が表示されます。

| 5 | 英文財務諸表への切り替え |

　XBRL形式のファイルには、日本語で作成されている財務諸表を英文に翻訳した英文財務諸表も含まれています。英文財務諸表はEDINET上やPDFファイル形式において表示されていません。英文へ翻訳されることにより、海外の投資家も日本の上場会社の財務諸表も理解することができるようになっており、これもXBRLファイルの大きな特徴と言えます。この英文財務諸表と海外のライバル会社の英文で書かれた財務諸表を**第3章**で述べるEDGAR等へのアクセスによって入手できれば、会計処理の方法は国によって異なりますが、簡便的には、勘定科目名をキーにして比較分析することも可能になります。

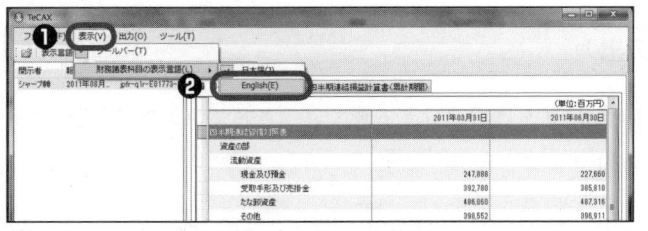

❶メニューの「表示」タブをクリックします。
❷財務諸表科目の表示言語をEnglishにします。

❸英文財務諸表に切り替わります。

6 | Excel等への出力

前頁のようにXBRLファイルは目で見える形で表示されていますが，Excel形式に変換し，自由に加工することができます。

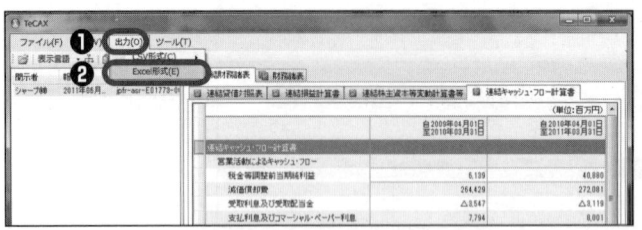

❶メニューの「出力」をクリックします。
❷「Excel形式」を選択します。

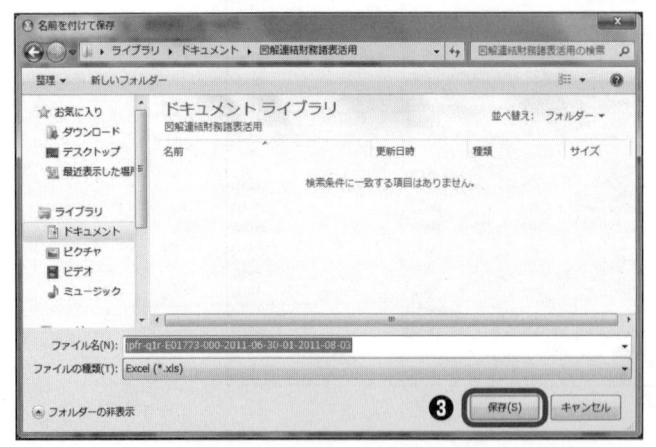

❸適当なフォルダー（ここでは「図解連結財務諸表活用」フォルダー）に保存します。

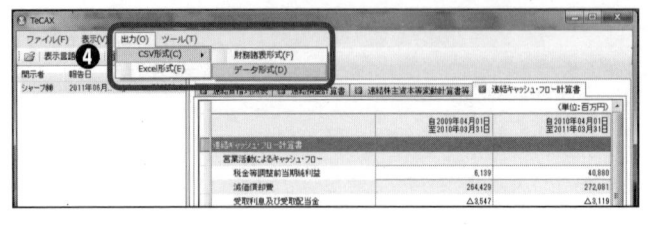

❹CSVファイルのデータ形式で保存すると，Access等のデータベースに保存して計算・分析ができるようになります。

| 7 | Excelファイルの表示 |

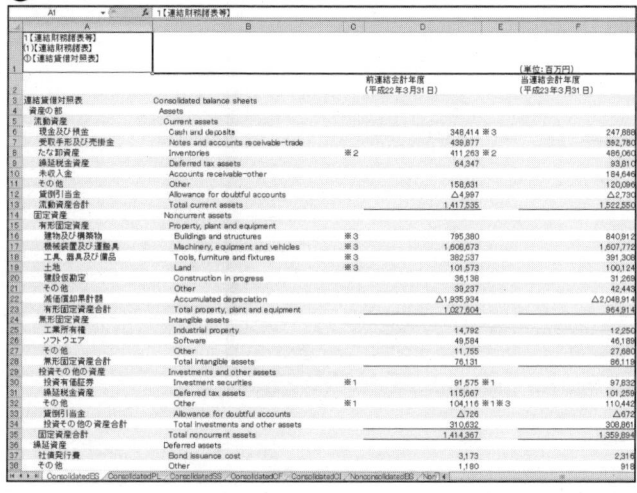

❺前述したExcel形式で保存したExcelファイルを読み込むと、左記のようなものがExcel上表示され、自由に加工することができます。

なお、念のため、EDINETにアクセスして、売上高、当期純利益、資産合計等主要な数値がExcelデータと一致していることを確認してください。

| 8 | 財務指標の表示 |

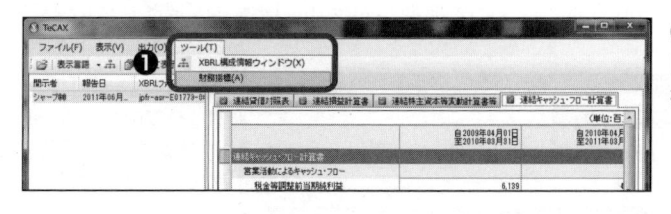

❶メニューの中の「ツール」から「財務指標」を選択します。

❷

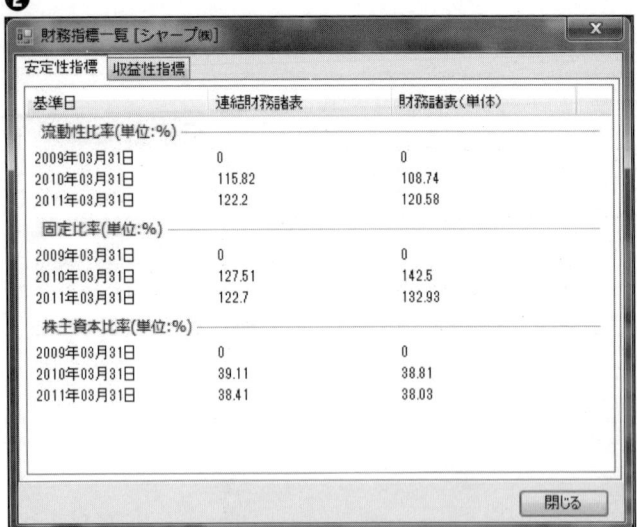

❷安全性,収益性の財務指標の計算結果が表示されます。

| 9 | XBRL構成要素の表示 |

　XBRLファイルの内容は,第2章❶2⑥(26ページ)において見たとおり,大変わかりにくいものです。しかし,XBRL構成要素を見ることにより,もう少し整理した形でXBRLの内部構造を把握することができます。TeCAXにおいては,XBRLの構成要素である計算リンクや表示リンクの関連状態,もしくはタクソノミのインポート・リンクベースの参照関係がツリー構造で表示されています。

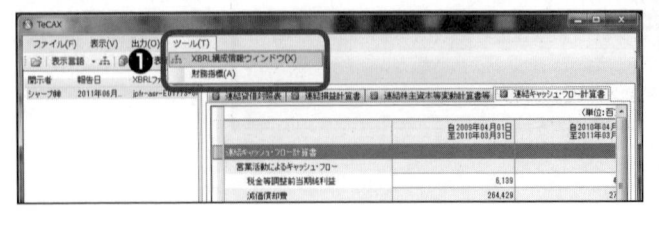

❶メニューの「ツール」タブの「XBRL構成情報ウィンドウ」をクリックします。

❷

❷ XBRL構成情報が表示されます。

| 10 | 他社比較 |

　他社の財務諸表を並べて比較することができます。シャープ株式会社の同規模の会社として，日本電気株式会社があります。シャープ株式会社に続き日本電気株式会社の有価証券報告書を入手するためには，TeCAXエクスプローラの画面に切り替え，**第2章 ❷ 4** ③（36ページ）の操作手順により財務諸表を入手します。

43

第2章　日本企業のデータ収集

❶日本電気株式会社を抽出し、平成23年3月期の有価証券報告書をクリックします。

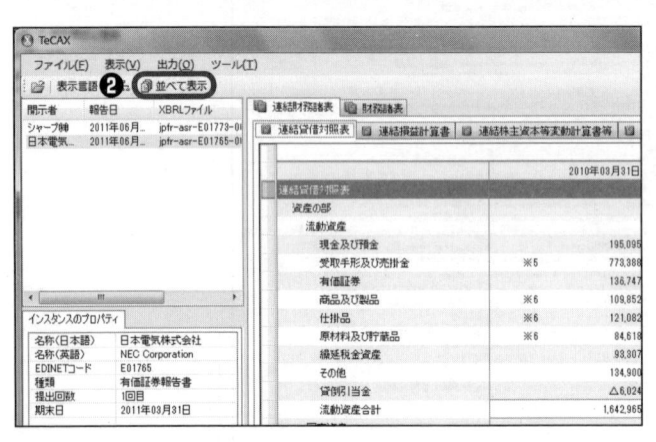

❷TeCAXの画面上、開示者欄において日本電気株式会社がシャープ株式会社の下に表示されますので、「並べて表示」ボタンを押します。

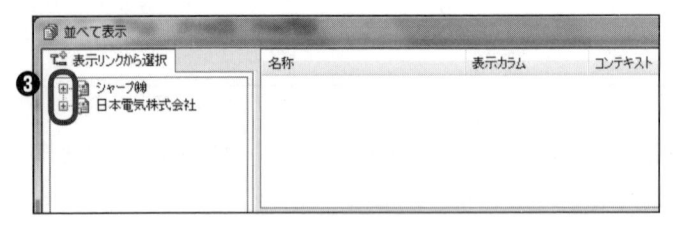

❸この画面が表示されたら、+ボタンをクリックします。

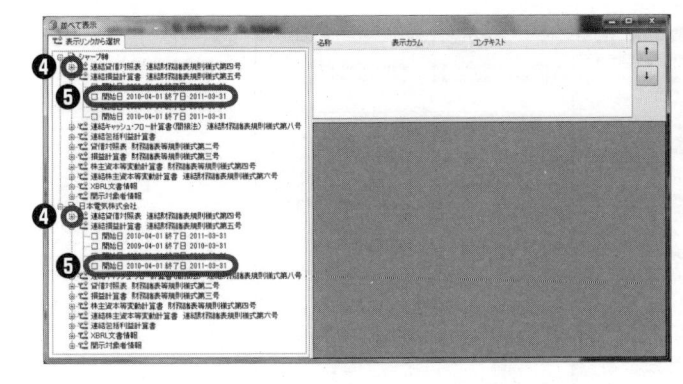

❹比較したい財務諸表の「+」ボタンをクリックするとともに,❺比較したい年度が表示されている「□」をダブルクリックします。

なお,例えば,「連結損益計算書」をクリックしますと,ボックスが四つ表示されます。これは,2期間の個別損益計算書と連結損益計算書のボックスですが,個別か連結かは画面上ではわかりません。

連結損益計算書を比較したい場合は,EDINET等で連結損益計算書の数値を確認した上で,ボックスを選択します。これは,連結損益計算書を選択しているところです。

第2章　日本企業のデータ収集

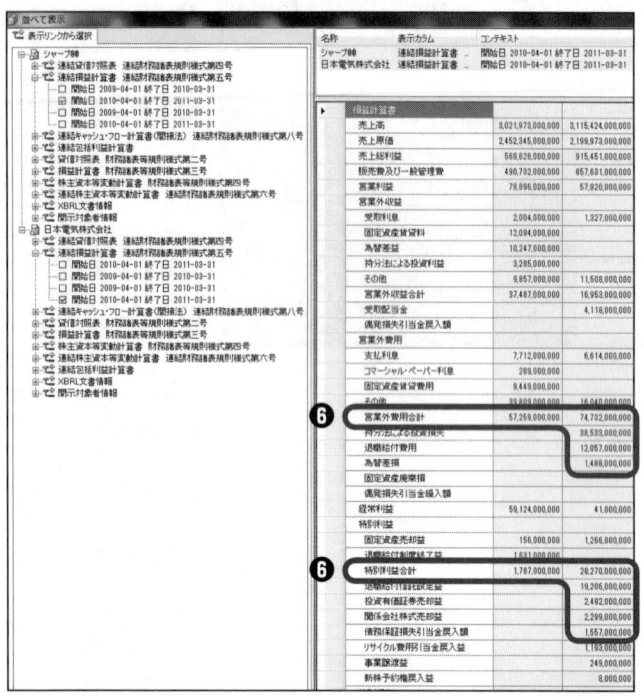

❻2社の連結損益計算書が比較形式で表示されます。

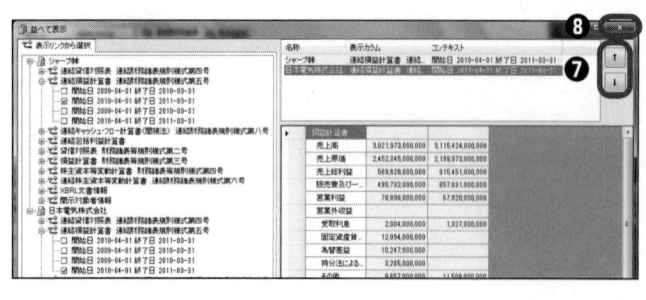

❼二社の表示する順番を変えたい場合は，↑↓ボタンを押します。

❽「並べて表示」画面からメイン画面にもどりたい場合は，ウインドウを閉じるボタンをクリックします。

5　機能制限

TeCAXでは，下記のような制限があります。

- 並べて比較する場合には，営業外損益や特別損益などのように，他の会社にない内訳科目があると合計金額を表示する位置が調整されないため，うまく表示されません（上記❻参照）。
- 並べて比較する場合，百万円単位や千円単位で表示することができません。

XBRLファイルの数値が百万円単位で記録されている場合において，百万円未満は「000000」で表示されます。
- 比較した財務諸表をExcelファイルで保存したり，印刷することはできません。
- 並べて比較する場合，一つの会社の3期以上の期別比較を行うことができません。
- EDINETにアクセスして自動収集したXBRLデータをPCに保存することができません。

❸ XBRL関連のサイト

1 有報Catcher

| 1 | 有価証券報告書の検索, ダウンロード |

　TeCAXは，自らEDINETのホームページにアクセスしてXBRLファイルを直接ダウンロードして分析していくものです。これに対して，このような作業を行わなくても，当該XBRLファイルやXBRLファイルをExcelファイルに変換したものがインターネットにアップされXBRLデータを利用して経営分析や業界順位づけを行っているサイトがあります。有報Catcherもその一つです。http://www.ufocatch.com/にアクセスします。

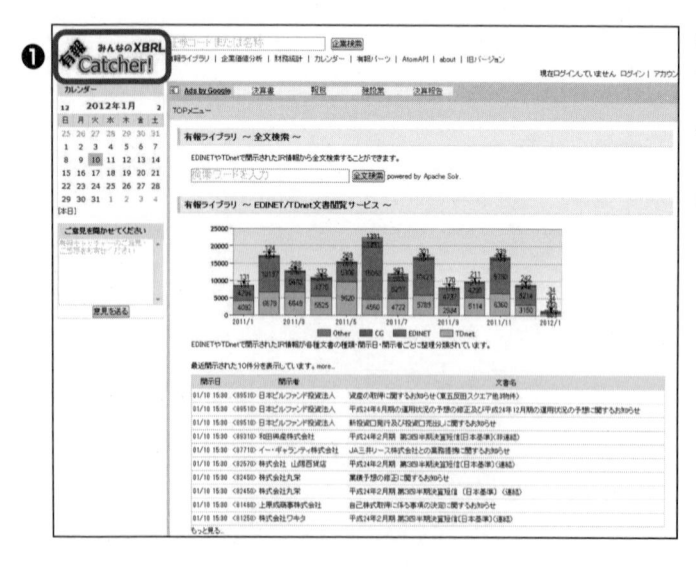

❶TOPメニューにもどりたい場合は，ここをクリックします（他の画面に移動した後も表示されています）。

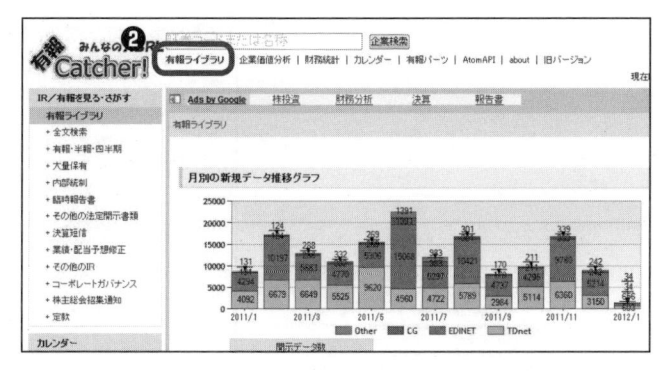

❷TOPメニューの「有報ライブラリ」リンクをクリックします。

❸有報ライブラリの画面において情報収集の状況が把握できます。
❹「IR種類別検索」リンクをクリックします。

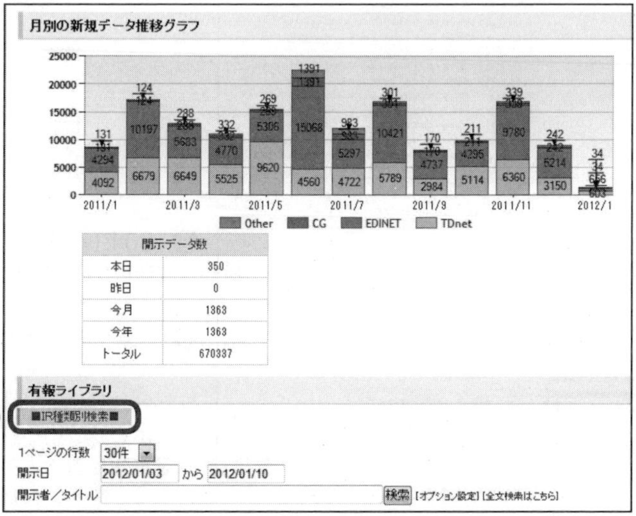

❺選択画面が表示され,入手したい情報が選択できるようになります。
❻「有報・半報・四半期」リンクをクリックします。

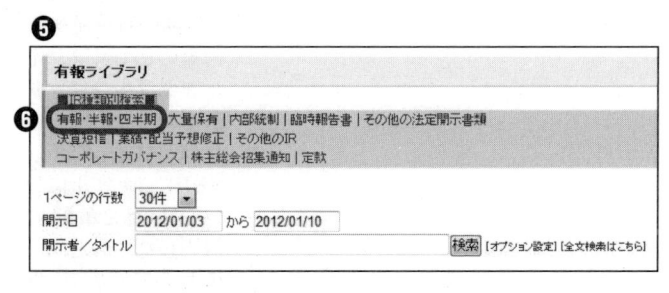

第2章　日本企業のデータ収集

❼

❼収集された直近のデータについて，開示日，会社名，開示書類名，ダウンロードできる電子データ（PDF，XBRL，Excel）が表示されます。

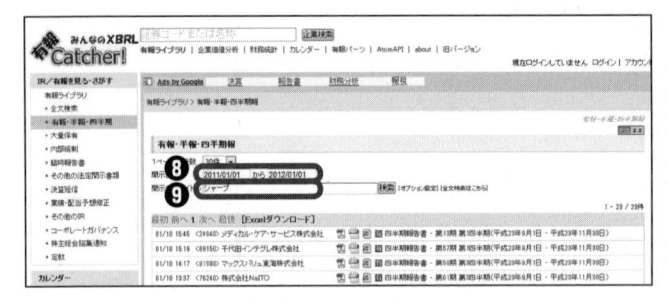

❽「2011/01/01～2012/01/01」と入力します。
❾「シャープ」と入力。ここでは，シャープ株式会社のEDINETで開示されている有価証券報告書を入手します。表示された画面から，平成23年3月期の有価証券報告書のExcelファイルをダブルクリックしてダウンロードします。なお，PDF，XBRLファイルについては，**第2章 ❶** で説明したものと同一のものですので，操作方法は省略します。

50

❿ Excelのアイコンをダブルクリックします。

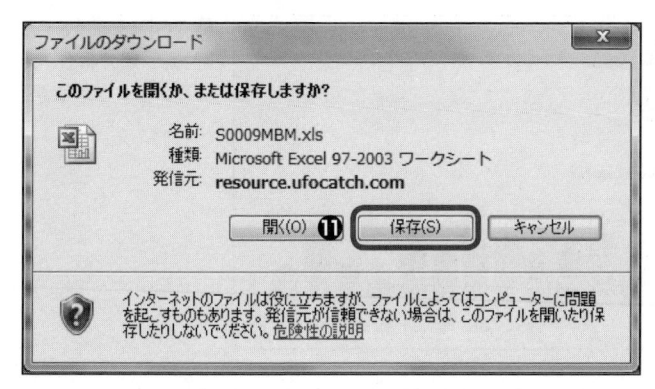

⓫ 確認画面が出たら「保存」をクリック。ファイルを適当なフォルダーに保存します。

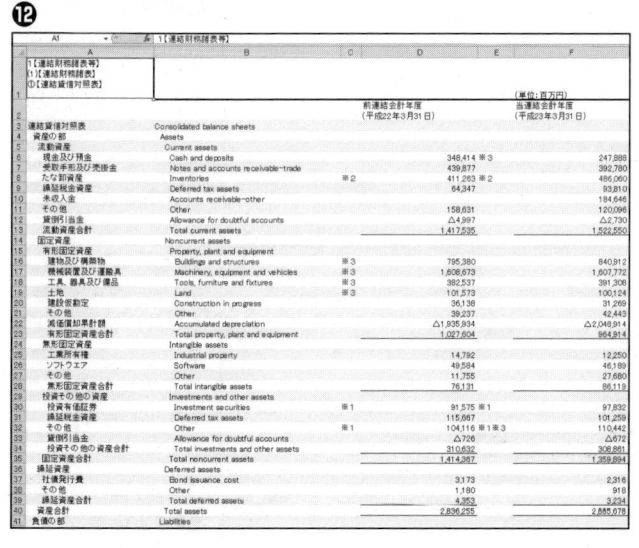

⓬ 保存したエクセルファイルを開くと左のシートが作成されています（第2章❷のTeCAXでダウンロードしたものと同じものになります）。

ConsolidatedBS（連結貸借対照表）

ConsolidatedPL（連結損益計算書）

ConsolidatedSS（連結株主資本等変動計算書）

ConsolidatedCF（連結キャッシュ・フロー計算書）

ConsolidatedCI（連結包括利益計算書）

NonconsolidatedBS（個別貸借対照表）

NonconsolidatedPL（個別損益計算書）

NonconsolidatedSS（個別株主資本等変動計算書）

第2章 日本企業のデータ収集

2 | 企業価値分析

収集したデータを使って企業価値分析ができます。

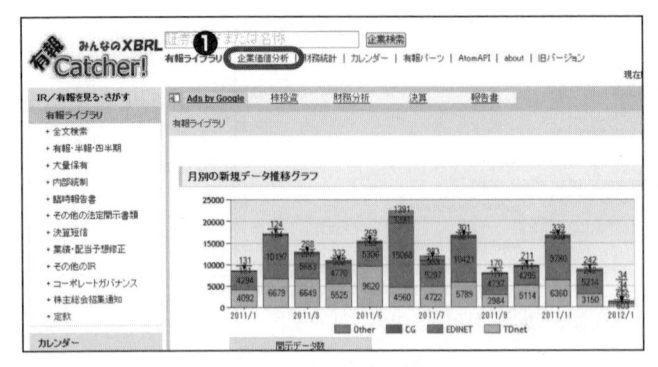

❶ TOPメニューの「企業価値分析」リンクをクリックします。

❷ 画面左に現れるメニューの中から、「上場取引所別」、「業種別」、「決算月別」のいずれかをクリックすると、検索範囲を絞り込むことができます。

❸ 分析したい会社名を「データ検索」欄に入力し、検索ボタンをクリックします。ここでは「シャープ」を入力します。

❹ 検索結果から、会社名を選んでクリックします。

52

❺「財務データ」欄をクリックします。シャープ株式会社の経営成績,財政状態,キャッシュ・フローの2期間比較がなされ,主要な財務指標が表示されています。これらはいずれもXBRLデータから自動的に計算され,ネット上に表示されているものです。

❻また,個々の財務指標をクリックします。

❼業界の財務指標の分布図がグラフで表示されます。

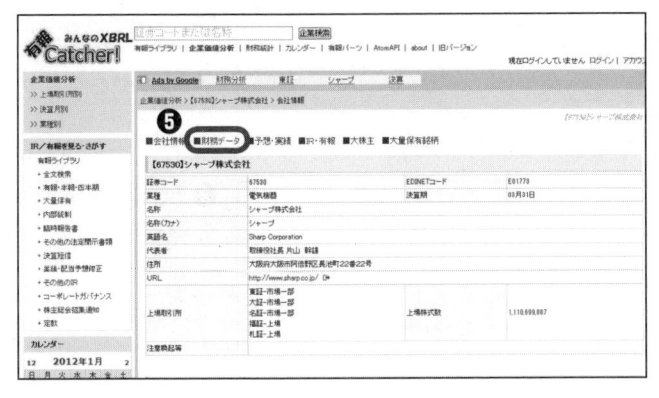

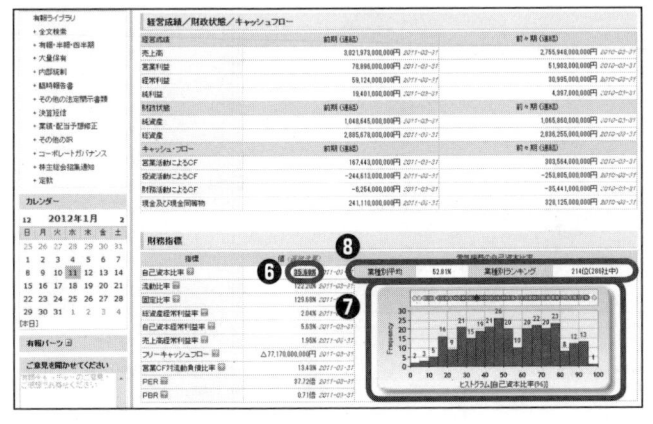

❽また,業界平均や業界ランキングが表示されており,投資を行う上で参考になります。

3 企業価値分析-予想・実績

　東京証券取引所のTDnetにおいては,決算短信や適時開示の資料がXBRLデータ形式で電子化されており,業績予想と実績との関連性等をこれらのデータから分析可能となりますが,当サイトにおいては,連結売上,連結営業利益,連結経常利益についてXBRLが導入された時点から直近の決算期まで,予想値と実績が比較されています。過去の傾向を見ることにより会社の予想数値の精度がある程度推測できます。

第2章 日本企業のデータ収集

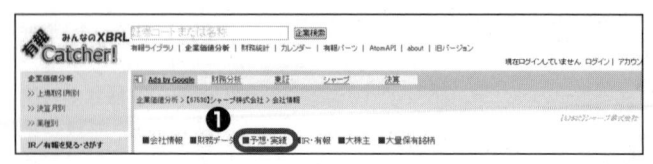

❶企業価値分析の画面において「予算・実績」リンクをクリックします。

❷予想値と実績が比較されています。

過去におけるシャープ株式会社の連結売上，連結営業利益の予想と実績の経緯を見ると，次のようなことが言えます。

　2011年3月期の本決算の連結売上（実績）は3,021,973百万円でしたが，これは1年前である2010年4月の予想時点では3,100,000百万円となっており，予想より2％程度減少していますが，ほぼ予想どおりの売上であったと見ることができます。また，2010年3月期以前の売上の実績と予想を比較しても2009年3月期のリーマンショックのような特別な事情がなければ，ほぼ予想どおりの売上が計上されています。これは1年先までは，かなり精度が高い売上計画が立案できる管理体制になっていると推測することができます。

　一方，2011年3月期の本決算の連結営業利益（実績）は78,986百万円でしたが，これは1年前である2010年4月の予想時点では120,000百万円となっており，34％も予想より大幅に減少しています。しかしながら，2010年10月の第2四半期決算の公表時点における2011年3月期の予想は2010年4月の予想に対して25％減額修正されて90,000百万円となっています。これは年度当初よりも経営環境が悪化し，営業利益の大幅な減少が見込まれるために，第2四半期決算の公表段階での25％減額修正がされたと推測できますが，営業利益についても，適時に見直され，精度の高い営業利益予想ができるような管理体制になっていると推測することができます。

4　業種別ランキング

　収集したデータを使って主要な財務指標の業種別にランキングを見ることができます。

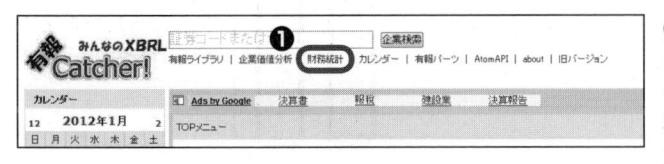

❶TOPメニューの「財務統計」リンクをクリックします。業界別の財務指標のランキングが表示されます。

第2章 日本企業のデータ収集

❷自己資本比率と流動比率と固定比率しか表示されていませんので、画面に表示されていない比率は、「次へ」ボタンをクリックすると表示されます。

❸また、業界にどのような会社があるかを見たい場合は、見たい業種名をクリックします。

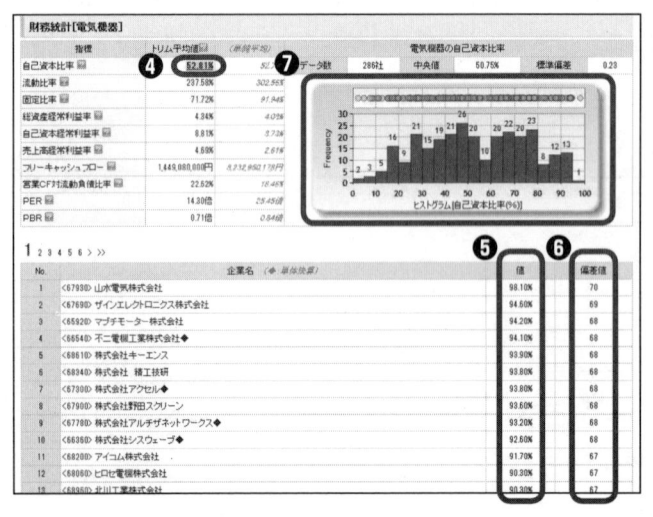

❹業界の平均財務指標値が表示されています。

❺業界に属する会社の財務指標値が表示され、業界におけるランク付けがなされています。

❻偏差値も表示されています。

❼偏差値に基づくヒストグラムが表示されています。

2　EDIUNET for XBRL

　EDINETにアクセスして入手したXBRLファイルから財務諸表（単体，連結）をグラフでビジュアル化できるサイトがEDIUNET for XBRLです。http://ediunet.com/にアクセスします。

　すでに，第2章❶ 2 ② (22ページ) においてEDINETからXBRLファイルをダウンロードしているので，これをグラフ化します。

1 ｜ XBRLファイルのアップロード

　圧縮されたファイルを当ホームページにアップします。ホームページにおいても「ZIP Only」と表示されています。これは圧縮されたファイルのみという意味です。EDINETからダウンロードされたファイルは圧縮された状態ですので，これをそのままアップロードします。

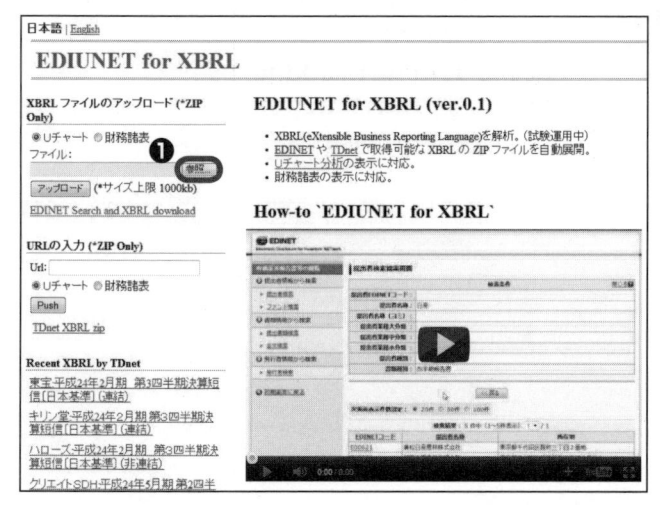

❶ファイルを入力する欄の右側にある「参照」ボタンをクリックします。

第2章 日本企業のデータ収集

第2章 **1** 2 ② (22ページ)においてダウンロードした❷ファイル(ファイルの種類：圧縮(ZIP形式))を選択して❸クリックします。

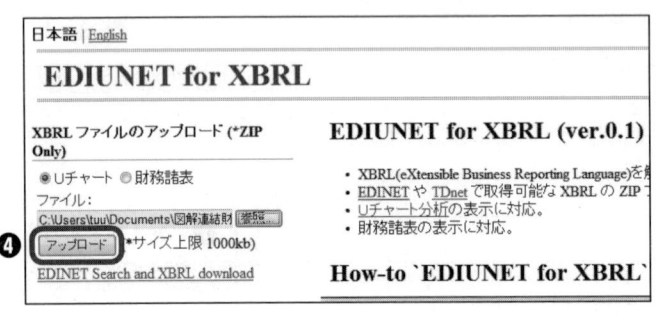

❹「アップロード」ボタンをクリックします。

| 2 | グラフ表示 |

次のグラフが表示されます。

シャープ㈱ *商工業・その他、共通

連結貸借対照表：シャープ㈱

IN(*右半分)、OUT(*左半分)、残(*純資産の残高)

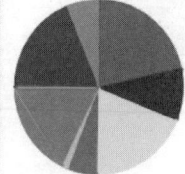

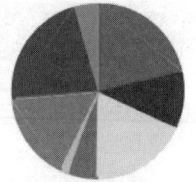

凡例：
- 現預金等
- その他流動資産
- 有形固定資産
- 無形固定資産
- 投資等
- 流動負債
- 固定負債
- 純資産

[BS] 2010-03-31　総資産: 2.8兆円　純資産: 1.0兆円
[BS] 2011-03-31　総資産: 2.8兆円　純資産: 1.0兆円

年月日	2010-03-31	2011-03-31
現預金等	3,484億円	2,478億円
その他流動資産	1.0兆円	1.2兆円
有形固定資産	1.0兆円	9,649億円
無形固定資産	761億円	861億円
投資等	3,149億円	3,120億円
総資産	2.8兆円	2.8兆円
流動負債	1.2兆円	1.2兆円
固定負債	5,464億円	5,911億円
純資産	1.0兆円	1.0兆円
負債純資産	2.8兆円	2.8兆円

第2章 日本企業のデータ収集

連結損益計算書：シャープ㈱

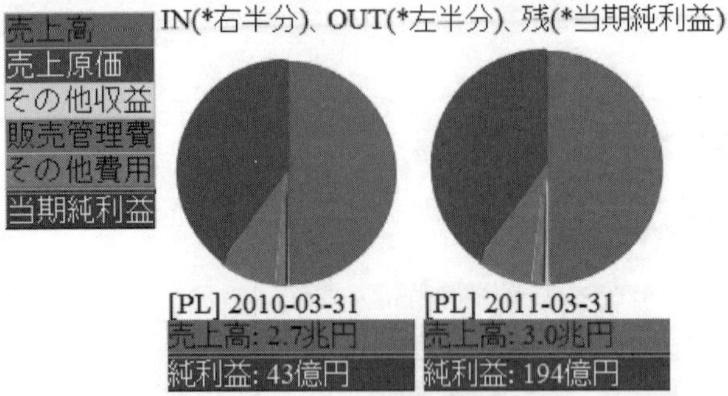

IN(*右半分)、OUT(*左半分)、残(*当期純利益)

[PL] 2010-03-31　売上高: 2.7兆円　純利益: 43億円
[PL] 2011-03-31　売上高: 3.0兆円　純利益: 194億円

年月日	2010-03-31	2011-03-31
売上高	2.7兆円	3.0兆円
売上原価	2.2兆円	2.4兆円
売上総利益	5,264億円	5,696億円
その他収益	236億円	392億円
販売管理費	4,745億円	4,907億円
その他費用	693億円	969億円
当期純利益	43億円	194億円

連結キャッシュフロー計算書：シャープ㈱

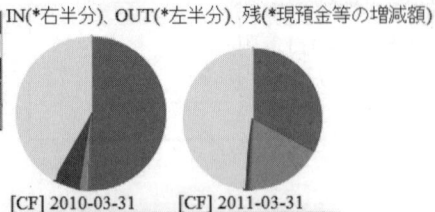

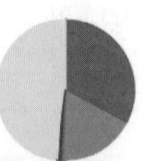

IN(*右半分)、OUT(*左半分)、残(*現預金等の増減額)

[CF] 2010-03-31　営業CF: 3,035億円　現預金: +101億円
[CF] 2011-03-31　営業CF: 1,674億円　現預金: -872億円

年月日	2010-03-31	2011-03-31
営業CF	3,035億円	1,674億円
投資CF	-2,538億円	-2,446億円
財務CF	-354億円	-62億円
現預金等の換算差額	-41億円	-37億円
現預金等の増減額	101億円	-872億円

連結株主資本等変動計算書：シャープ㈱

凡例：
- 新株の発行
- 剰余金の配当
- 当期純利益
- 自己株式の取得
- その他株主資本変動額
- 株主資本以外変動額
- 純資産の変動額

IN(*右半分)、OUT(*左半分)、残(*純資産の変動額)

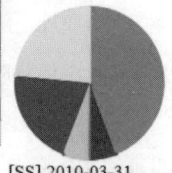

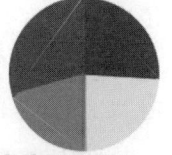

[SS] 2010-03-31　純利益: 43億円　純資産: +174億円
[SS] 2011-03-31　純利益: 194億円　純資産: -172億円

年月日	2010-03-31	2011-03-31
新株の発行	-	-
剰余金の配当	-154億円	-220億円
当期純利益	43億円	194億円
自己株式の取得	-6,900万円	-6,200万円
その他株主資本変動額	-41億円	5億円
株主資本以外変動額	326億円	-150億円
純資産の変動額	174億円	-172億円

3　その他の閲覧ソフトXiRUTEの特徴

　XBRLファイルを読むことができるビューアソフト（閲覧ソフト）としてはTeCAXの他にXiRUTE（サイルート）フィナンシャルレポートプレイヤーがあります。これは有料ソフトですが，60日間使用可能な体験版があり，EDINET等よりダウンロードしたXBRLファイルをExcel上でEDINETの形式に合せて表示することや，経営分析，レポート作成が可能です。

　これらのソフトはXBRLデータを読んで表示することは同じですが，両者の主な違いの一つは，XBRLデータをExcel上どのように扱っているかという点です。

　TeCAXは，XBRLデータをExcelに出力し加工ができますが，Excelに出力した段階で，財務諸表の数値と勘定科目は全く関連性がなくなり，Excel上，単なる数値や文字として取り扱われます。これに対して，XiRUTEでは，Excel上，XBRLデータとして扱うことができます。このため，数値についたバーコード（XBRLデータは数値にバーコードがついたもので，バーコードには数値の意味が書かれていると説明することもある）により，単にExcelで計算式を使って分析するよりも，正確に，速く，効率よく分析ができます。

　ここでは，ソフトの入手先とマニュアルの閲覧方法について解説し，XiRUTEの特徴を紹介します。

　実際の使用方法についてはマニュアルを参照してください。

1 | ソフトの入手先

https://www.hitachi-solutions.co.jp/cgi-bin/form/xirute/trial/ にアクセスし,所定の登録を行ったのち,ソフトをインストールします。インストール方法は,ホームページの画面に従ってください。

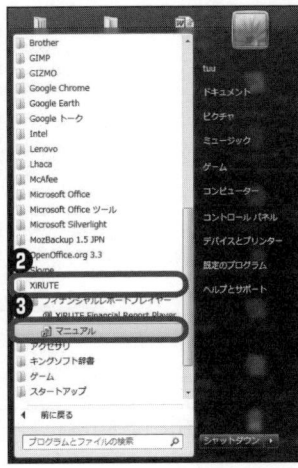

2 | マニュアルの閲覧方法

操作マニュアルフィナンシャルレポートプレイヤー〈使用の手引き〉は,下記の方法で閲覧できます。
❶「すべてのプログラム」をクリックし,❷「XiRUTEフォルダー-フィナンシャルレポートプレイヤー」アイコンをクリックしたあと,❸「マニュアル」をクリックします。

3 | 特徴① Excel上で表示が可能

PCにEDINET等から入手したXBRLファイル(圧縮ファイル)をダウンロー

ドして解凍した後，XBRLファイルをXiRUTEに読み込むと，Excel上に財務諸表を表示することができます。EDIET形式で表示させた場合，下記のようになります。財務諸表を加工する場合は，一旦そのファイルを新規ファイルとして保存して加工します。

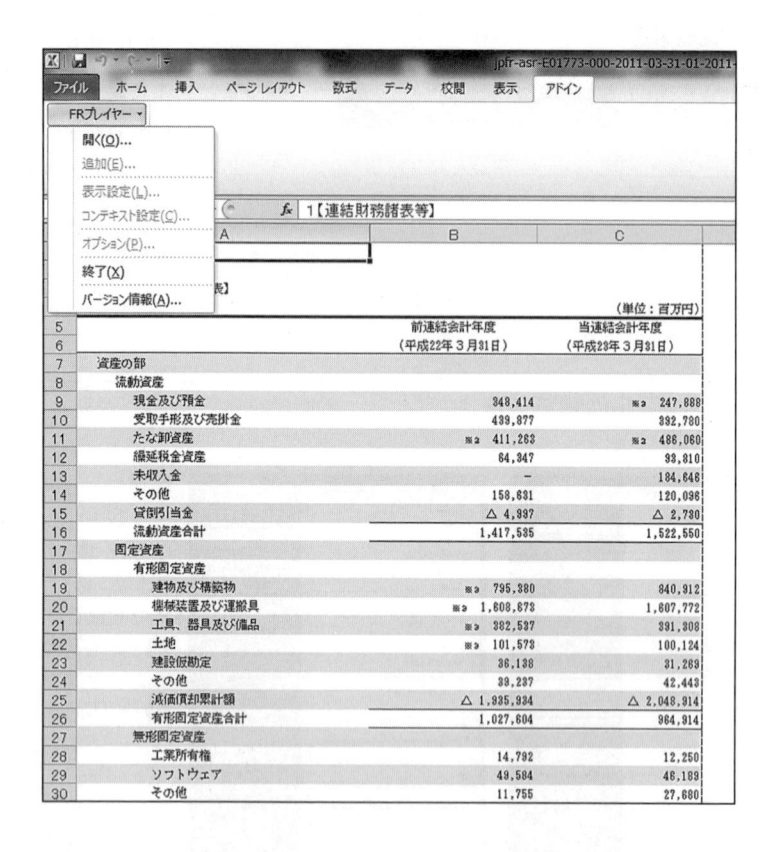

| 4 | 特徴② 標準シートの利用で同業他社比較等が簡単 |

XBRLでデータをExcelで表示するためにレイアウトが固定されたエクセルのシート（標準シート）が用意されています。これを使うことにより同業他社比較等が簡単に行えます。

各社の営業外損益項目や特別損益項目は様々ですが，XiRUTEでは比較しやす

いように自動的に項目が追加されます。営業外損益項目や特別損益項目，特に特別損益項目は会社の決算政策がよく現われるところであり，各項目別に比較する意義は大きいと思います。システムの仕様上は200社まで比較することができます。

| 5 | 特徴③　スタイルシートの利用 |

　スタイルシートは，あらかじめExcelのブックに関数やコマンドを入力することにより，自由に帳票が作成できます。

ア．財務諸表の表示

　単年度の財務諸表を表示させる場合，下記のスタイルシートを作成し，保存します。シート作成に際して，シート上，下記のコマンドおよび関数を各セルに入力します。入力方法は通常のExcelシートに入力するのと同じです。A2，A3，A4，A5は単なる摘要であり，そのまま入力します。詳細はソフトに添付されて

いる「XiRUTEフィナンシャルレポートプレイヤー＜使用の手引き＞」を参考してください。

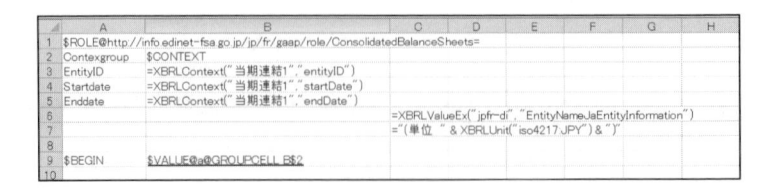

	A	B	C	D	E	F	G	H
1	$ROLE@http://info.edinet-fsa.go.jp/jp/fr/gaap/role/ConsolidatedBalanceSheets=							
2	Contexgroup	$CONTEXT						
3	EntityID	=XBRLContext("当期連結1","entityID")						
4	Startdate	=XBRLContext("当期連結1","startDate")						
5	Enddate	=XBRLContext("当期連結1","endDate")						
6			=XBRLValueEx("jpfr-di","EntityNameJaEntityInformation")					
7			=("(単位　" & XBRLUnit("iso4217JPY") & ")"					
8								
9	$BEGIN	$VALUE@a@GROUPCELL B$2						
10								

XiRUTEを起動して，シャープ株式会社のXBRLファイルを開き，先ほど作成したスタイルシートを読み込むと，下記のような貸借対照表が表示されます。なお単位も円から百万円に変更することができます。

	A	B	C	D	E
1	$ROLE@http://info.edinet-fsa.go.jp/jp/fr/gaap/role/ConsolidatedBalanceSheets=				
2	Contexgroup	前期連結1			
3	EntityID	E01773-000			
4	Startdate	2011-03-31			
5	Enddate	2011-03-31			
6			シャープ㈱		
7			(単位　円)		
8					
9	貸借対照表				
10	資産の部				
11	流動資産				
12	現金及び預金	348,414,000,000			
13	受取手形及び売掛金	439,877,000,000			
14	たな卸資産	411,263,000,000			
15	繰延税金資産	64,347,000,000			
16	未収入金				
17	その他	158,631,000,000			
18	貸倒引当金	-4,997,000,000			
19	流動資産	1,417,535,000,000			
20	固定資産				
21	有形固定資産				
22	建物及び構築物	795,380,000,000			
23	機械装置及び運搬具	1,608,673,000,000			
24	工具，器具及び備品	382,537,000,000			
25	土地	101,573,000,000			
26	建設仮勘定	36,138,000,000			
27	その他	39,237,000,000			
28	減価償却累計額	-1,935,934,000,000			
29	有形固定資産	1,027,604,000,000			
30	無形固定資産				
31	工業所有権	14,792,000,000			
32	ソフトウエア	49,584,000,000			
33	その他	11,755,000,000			
34	無形固定資産	76,131,000,000			
35	投資その他の資産				
36	投資有価証券	91,575,000,000			
37	繰延税金資産	115,667,000,000			
38	その他	104,116,000,000			
39	貸倒引当金	-726,000,000			
40	投資その他の資産	310,632,000,000			
41	固定資産	1,414,367,000,000			
42	繰延資産				

また，Excel上の数値が表示されていますが，セルには数値が入っておらず，関数が入っています。例えば，❶現金及び預金についてfx欄で内容を確認すると，これはシャープ株式会社の現金預金の2011年3月末の残高が記録されている場所から数字を取得していることを表しています。その結果，❷Excel上に348,414百万円が表示されています。

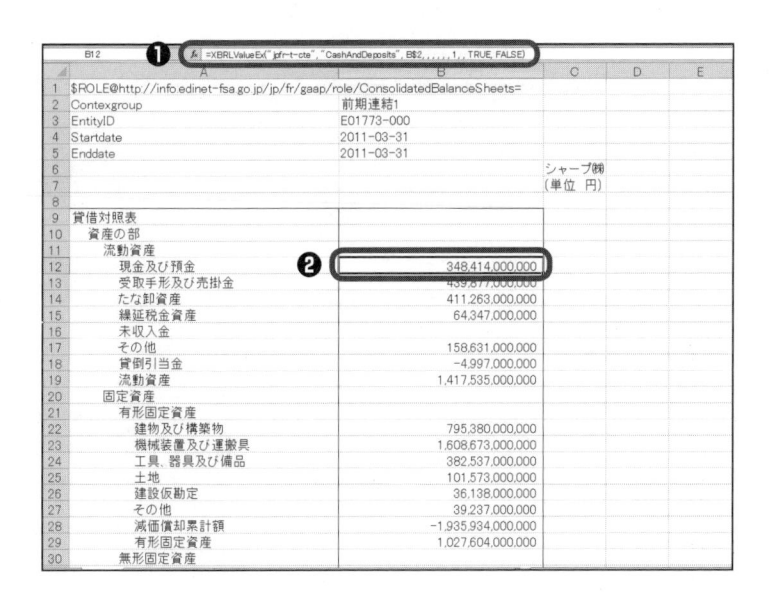

　一旦スタイルシートを作成し保存しておくと，EDINET上，XBRLファイルをアップしている会社の財務諸表をいつでも表示させることができます。この点がTeCAXのExcelシートと大きく異なる点です。

イ．期別損益比較表の作成

　スタイルシートを使い，上記アと同様な方法でスタイルシートを作成すれば，次頁のような期別損益比較表が簡単に作成できます。システムの仕様上は200年間比較することができるようになっています。

　スタイルシートの内容は下記のとおりです。

	A	B	C	D	E	F	G
1	$ROLE@http://info.edinet-fsa.go.jp/jp/fr/gaap/role/ConsolidatedStatementsOfIncome=						
2	Context_Group	前期連結1	当期連結1	当期連結2	当期連結3		
3	EntityID	=XBRLContext" 前期連結1" ," entityID"	=XBRLContext" 当期連結1" ," entityID"	=XBRLContext" 当期連結2" ," entityID"	=XBRLContext" 当期連結3" ," entityID"		
4	Shema	=XBRLContext" 前期連結1" ," scheme"	=XBRLContext" 当期連結1" ," scheme"	=XBRLContext" 当期連結2" ," sche	=XBRLContext" 当期連結3" ," sche		
5	Startdate	=XBRLContext" 前期連結1" ," startdate"	=XBRLContext" 当期連結1" ," startdate"	=XBRLContext" 当期連結2" ," start	=XBRLContext" 当期連結3" ," startDate"		
6	Enddate	=XBRLContext" 前期連結1" ," enddate"	=XBRLContext" 当期連結1" ," enddate"	=XBRLContext" 当期連結2" ," end	=XBRLContext" 当期連結3" ," endD		=XBRLValueEx(" jpfr-di"	
7							=" (単位 " & XBRLUnit	
8								
9	$BEGIN	=$VALUEEx@GROUPCELL_B$2	=$VALUEEx@GROUPCELL_C$2	=$VALUEEx@GROUPCELL_D$2	=$VALUEEx@GROUPCELL_E$2		
10								

XiRUTEを起動して，シャープ株式会社の4年分のXBRLファイルと上記のスタイルシートから下記の期別損益比較表が作成できます。

$ROLE@http://info.edinet-fsa.go.jp/jp/fr/gaap/role/ConsolidatedStatementsOfIncome=				
Context_Group	前期連結1	当期連結1	当期連結2	当期連結3
EntityID	E01773-000	E01773-000	E01773-000	E01773-000
Shema	http://info.edinet-fsa	http://info.edinet-fsa	http://info.edinet-fsa	http://info.edinet-fsa.go.jp
Start date	2007-04-01	2008-04-01	2009-04-01	2010-04-01
Enddate	2008-03-31	2009-03-31	2010-03-31	2011-03-31
				シャープ㈱
				(単位 百万円)
損益計算書				
売上高	3,417,736	2,847,227	2,755,948	3,021,973
売上原価	2,662,707	2,392,397	2,229,510	2,452,345
売上総利益	755,029	454,830	526,438	569,628
販売費及び一般管理費	571,337	510,311	474,535	490,732
営業利益	183,692	-55,481	51,903	78,896
営業外収益				
受取利息	6,883	5,328	2,238	2,004
固定資産賃貸料	10,789	12,745	12,328	12,094
為替差益	9,562	0	0	10,247
持分法による投資利益	190	0	1,292	3,285
その他	8,967	12,884	7,617	9,857
営業外収益	36,391	30,957	23,475	37,487
営業外費用				
支払利息	7,191	7,015	7,190	7,712
コマーシャル・ペーパー利息	2,766	2,132	604	289
固定資産賃貸費用	7,615	10,480	9,455	9,449
その他	34,112	31,925	27,134	39,809
営業外費用	51,684	57,907	44,383	57,259
経常利益	168,399	-82,431	30,995	59,124
特別利益				
固定資産売却益	178	218	152	156
退職給付制度終了益				1,631
特別利益	3,344	18,739	152	1,787
特別損失				
固定資産除売却損	8,039	10,576	4,930	7,376
事業構造改革費用		58,439	20,078	12,655
特別損失	9,503	140,447	25,008	20,031
税引前当期純利益	162,240	-204,139	6,139	40,880
法人税、住民税及び事業税	49,746	4,274	15,092	26,927
法人税等調整額	9,276	-83,177	-15,090	-7,244
法人税等	59,022	-78,903	2	19,683
少数株主損益調整前当期純利益				21,197
少数株主利益	1,296	579	1,740	1,796
当期純利益	101,922	-125,815	4,397	19,401

なお，期別損益比較表を作成する場合は，年度の古いものから順次XBRLファイルを読み込むようにしておかないと，システム上，営業外損益や特別損益項目が正確に並んで表示されないのでご留意ください。

また，このような方法によっても営業外損益項目や特別損益項目がうまく表示されないケースがあります。これは，年度によってタクソノミが異なることが原因と思われます。この場合は，各年度のXBRLファイルをXiRUTEの「開く」メニューから同時に選択して読み込んでください。タクソノミ毎の期別損益比較表が連続して表示されますが，直近年度以外の比較表はExcelの非表示機能を

使って表示しないようにすれば、期別損益比較表が正確に作成できます。

　以上が期別損益比較表の説明ですが、貸借対照表についても同様な方法で期別貸借対照表残高比較表を作成することができます。

　標準シートでも期別比較は可能ですが，年度の財務諸表の様式が変更されている場合は，システム仕様上正しく並べて表示することができません。この場合，スタイルシートを作成して対応することになります。

6 特徴④　経営分析

　スタイルシートを使って，独自の経営分析ができます。一度作成しておけば，年度が替わってもそのまま利用することができます。また，他の業界の他社比較もそのシートを使って分析できます。分析を行う都度，Excel上算式を入力する必要もありません。XBRLデータを使って効率的，正確かつスピーディに分析することができ，XBRL本来の活用ができます。

	A	B	C	D	E	F
1		文書情報1	文書情報2	文書情報3		
2		当期連結1	当期連結2	当期連結3		
3	Start Date	=XBRLContext("当期連結1","startDate")	=XBRLContext("当期連結2","startDate")	=XBRLContext("当期連結3","startDate")		
4	End Date	=XBRLContext("当期連結1","endDate")	=XBRLContext("当期連結2","endDate")	=XBRLContext("当期連結3","endDate")	=(単位	
5						
6						
7	=XBRLLabelEx("jpfr-di","EntityNameJa(EntityInformation)")	=XBRLValueLbl(\$A7,D\$1)	=XBRLValueLbl(\$A7,D\$1)	=XBRLValueLbl(\$A7,D\$1)		
8	=XBRLLabelEx("jpfr-t-cte","CurrentAssets")	=XBRLValueLbl(\$A8,D\$2)	=XBRLValueLbl(\$A8,D\$2)	=XBRLValueLbl(\$A8,D\$2)		
9	=XBRLLabelEx("jpfr-t-cte","CurrentLiabilities")	=XBRLValueLbl(\$A9,D\$2)	=XBRLValueLbl(\$A9,D\$2)	=XBRLValueLbl(\$A9,D\$2)		
10	=XBRLLabelEx("jpfr-t-cte","NetAssets")	=XBRLValueLbl(\$A10,C\$2)	=XBRLValueLbl(\$A10,C\$2)	=XBRLValueLbl(\$A10,C\$2)		
11	=XBRLLabelEx("jpfr-t-cte","Assets")	=XBRLValueLbl(\$A11,C\$2)	=XBRLValueLbl(\$A11,C\$2)	=XBRLValueLbl(\$A11,C\$2)		
12						
13	=XBRLLabelEx("jpfr-t-cte","NetSales")	=XBRLValueLbl(\$A13,D\$2)	=XBRLValueLbl(\$A13,C\$2)	=XBRLValueLbl(\$A13,D\$2)		
14	=XBRLLabelEx("jpfr-t-cte","GrossProfit")	=XBRLValueLbl(\$A14,D\$2)	=XBRLValueLbl(\$A14,C\$2)	=XBRLValueLbl(\$A14,D\$2)		
15	=XBRLLabelEx("jpfr-t-cte","OperatingIncome")	=XBRLValueLbl(\$A15,D\$2)	=XBRLValueLbl(\$A15,C\$2)	=XBRLValueLbl(\$A15,D\$2)		
16	=XBRLLabelEx("jpfr-t-cte","NetIncome")	=XBRLValueLbl(\$A16,D\$2)	=XBRLValueLbl(\$A16,C\$2)	=XBRLValueLbl(\$A16,D\$2)		
17	=XBRLLabelEx("jpfr-t-cte","AccountsReceivableTrade")	=XBRLValueLbl(\$A17,D\$2)	=XBRLValueLbl(\$A17,C\$2)	=XBRLValueLbl(\$A17,D\$2)		
18	=XBRLLabelEx("jpfr-t-cte","NotesAndAccountsReceivableTrade")	=XBRLValueLbl(\$A18,D\$2)	=XBRLValueLbl(\$A18,C\$2)	=XBRLValueLbl(\$A18,D\$2)		
19						
20	自己資本比率	=B10/B11	=C10/C11	=D10/D11		
21	自己資本利益率	=B16/B10	=C16/C10	=D16/D10		
22	流動比率	=B8/B9	=C8/C9	=D8/D9		
23	売上高売上総利益率	=B14/B13	=C14/C13	=D14/D13		
24	売上高営業利益率	=B15/B13	=C15/C13	=D15/D13		
25	売上債権回転率	=B13/B18	=C13/C18	=D13/D18		

	A	B	C	D	E	F
1		文書情報1	文書情報2	文書情報3		
2		当期連結1	当期連結2	当期連結3		
3	Start Date	2011-03-31	2011-03-31	2011-03-31		
4	End Date	2011-03-31	2011-03-31	2011-03-31		
5					(単位 百万円)	
6						
7	開示対象者の名称（日本語）	シャープ㈱	日本電気株式会社	富士通株式会社		
8	流動資産	1,522,550	1,442,580	1,760,627		
9	流動負債	1,245,913	1,180,528	1,507,808		
10	純資産	1,048,645	875,441	953,779		
11	資産	2,885,678	2,628,931	3,024,097		
12						
13	売上高	3,021,973	3,115,424	4,528,405		
14	売上総利益	569,628	915,451	1,257,482		
15	営業利益	78,896	57,820	132,594		
16	当期純利益	19,401	-12,518	55,092		
17	売掛金					
18	受取手形及び売掛金	392,780	726,355	877,069		
19						
20	自己資本比率	36%	33%	32%		
21	自己資本利益率	1.85%	-1.43%	5.78%		
22	流動比率	122%	122%	117%		
23	売上高売上純利益率	19%	29%	28%		
24	売上高営業利益率	3%	2%	3%		
25	売上債権回転率	7.7	4.29	5.15		

（注）自己資本比率及び自己資本利益率の自己資本は簡便的に純資産合計として計算しています。

第3章
米国企業のデータ収集

1 EDGAR（米国証券取引委員会：SEC）へのアクセス

　米国証券取引委員会（SEC）では，1993年4月から電子開示システムであるEDGAR（Electronic Data Gathering, Analysis and Retrieval System）が本格導入されました。

　財務諸表情報のデータによるXBRL形式での報告は，2005年3月よりのパイロットプログラム（SEC VFP）により一般事業会社，銀行，保険会社が利用できるようになりました。その後，2009年6月から3年間の段階的導入期間を経て，XBRLを使ったインタラクティブ・データ形式（Interactive Data）で財務諸表情報を提出することが義務付けられています。

1 │ アニュアルレポート（年次報告書）等へのアクセス

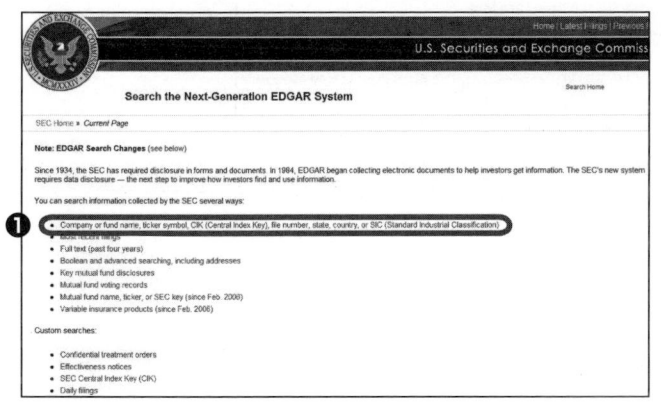

❶EDGARの検索サイトにアクセスし，「検索入口」ボタンをクリックします。
http://www.sec.gov/edgar/searchedgar/webusers.htm

第3章 米国企業のデータ収集

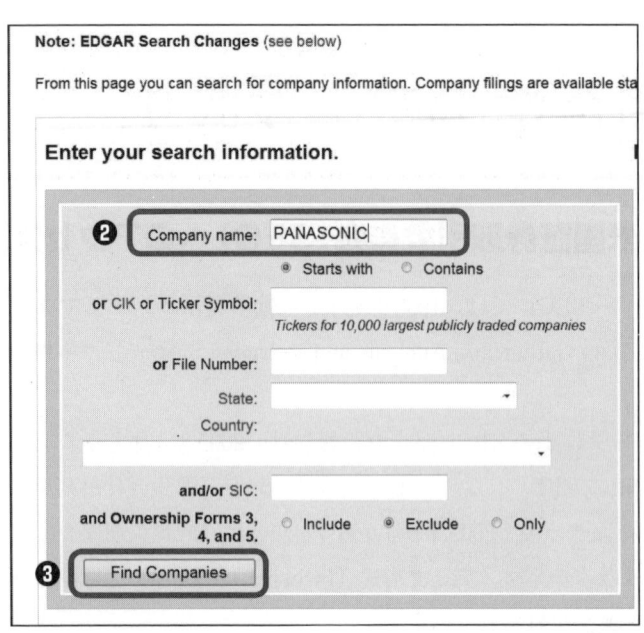

❷ Company Search 画面が表示されます。SECに登録している日本企業のパナソニック株式会社を検索してみます。「Company name」欄にPANASONICを入力します。
❸「Find Companies」ボタンをクリックします。

❹ 検索結果画面が表示されます。複数表示されている中から、該当の会社のCIKをクリックします。

❺PANASONICが提出した書類の一覧が表示されます。XBRLデータで提出されている場合は、青い色の「Interactive Data」ボタンが表示されています。なお、アメリカの国内企業の場合、アニュアルレポートは様式(Form)10-Kですが、外国企業の場合は様式(Form)20-Fとなります。

❻PANASONICの場合、正式書類(テキスト形式またはHTML形式)とXBRLデータが提出されており、正式書類は「Documents」ボタンが表示されています。これをクリックします。

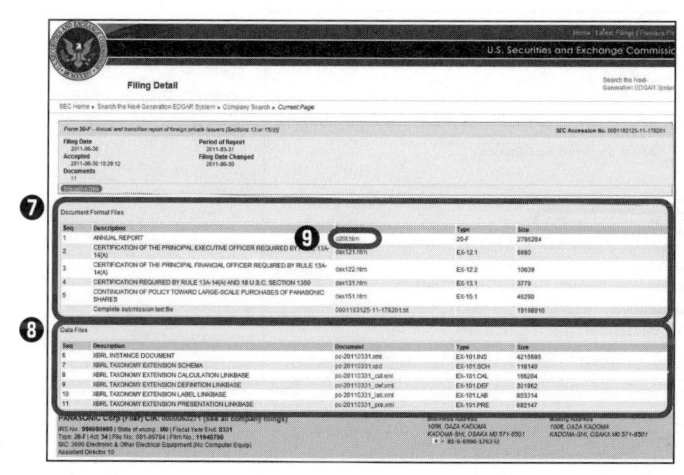

❼この部分には、HTML形式で提出されたアニュアルレポートなどが表示されます。

❽この部分には、XBRLファイルが表示されます。

❾ANNUAL REPORTのDocument欄にある「d20f.htm」をクリックします。

第3章　米国企業のデータ収集

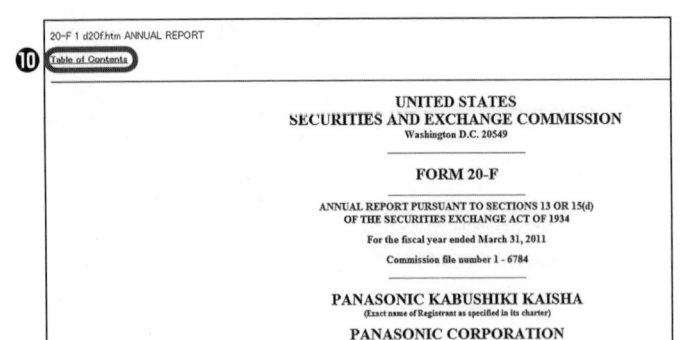

```
20-F 1 d20f.htm ANNUAL REPORT
Table of Contents

                    UNITED STATES
          SECURITIES AND EXCHANGE COMMISSION
                   Washington D.C. 20549

                       FORM 20-F

          ANNUAL REPORT PURSUANT TO SECTIONS 13 OR 15(d)
             OF THE SECURITIES EXCHANGE ACT OF 1934
              For the fiscal year ended March 31, 2011
                 Commission file number 1 - 6784

               PANASONIC KABUSHIKI KAISHA
              (Exact name of Registrant as specified in its charter)
               PANASONIC CORPORATION
              (Translation of Registrant's name into English)
```

❿この画面が開きます。左上の「Table of Contents」をクリックすると、目次が表示されます。

```
Table of Contents

                                                             PART II
Item 13.    Defaults, Dividend Arrearages and Delinquencies
Item 14.    Material Modifications to the Rights of Security Holders and Use of Proceeds
Item 15.    Controls and Procedures
Item 16A.   Audit Committee Financial Expert
Item 16B.   Code of Ethics
Item 16C.   Principal Accountant Fees and Services
Item 16D.   Exemptions from the Listing Standards for Audit Committees
Item 16E.   Purchases of Equity Securities by the Issuer and Affiliated Purchasers
Item 16F.   Change in Registrant's Certifying Accountant
Item 16G.   Corporate Governance
                                                            PART III
Item 17.  ⓫ Financial Statements
Item 18.    Financial Statements
Item 19.    Exhibits
```

⓫目次PART Ⅲ のItem17をクリックすると、監査人の監査報告書や連結財務諸表の一覧が表示されます。

```
Item 17.        Financial Statements
Not applicable

Item 18.        Financial Statements
Index of Consolidated Financial Statements of Panasonic Corporation and Subsidiaries:

         Reports of Independent Registered Public Accounting Firm
   ⓬    Consolidated Balance Sheets as of March 31, 2011 and 2010
         Consolidated Statements of Operations for the years ended March 31, 2011, 2010 and 2009
         Consolidated Statements of Equity for the years ended March 31, 2011, 2010 and 2009
         Consolidated Statements of Cash Flows for the years ended March 31, 2011, 2010 and 2009
         Notes to Consolidated Financial Statements
Schedule for the years ended March 31, 2011, 2010 and 2009:
         Schedule II    Valuation and Qualifying Accounts and Reserves for the years ended March 31, 2011, 2010 and 2009
```

⓬閲覧したい財務諸表等の名称をクリックします。

⓭財務諸表等が表示されます。

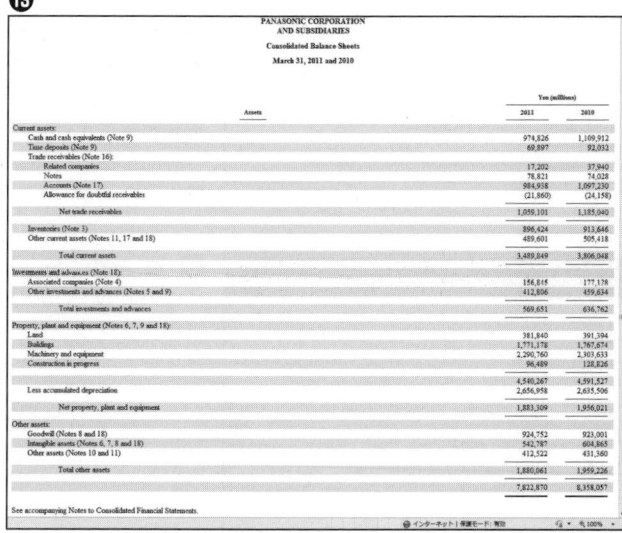

2 | XBRLファイルの表示

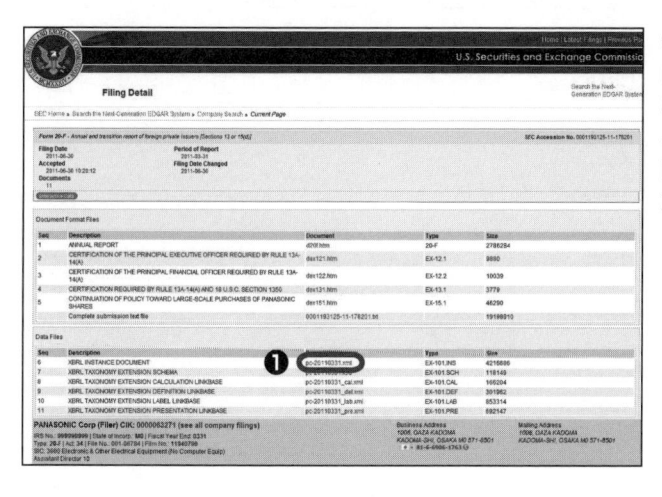

❶前述したFiling Detail画面の下段において表示されているXBRL INSTANCE DOCUMENTのXBRLファイルをクリックします。

第3章　米国企業のデータ収集

❷ XBRLファイルの内容が表示されます。しかし，このような画面が表示されても一般の投資家には理解できません。

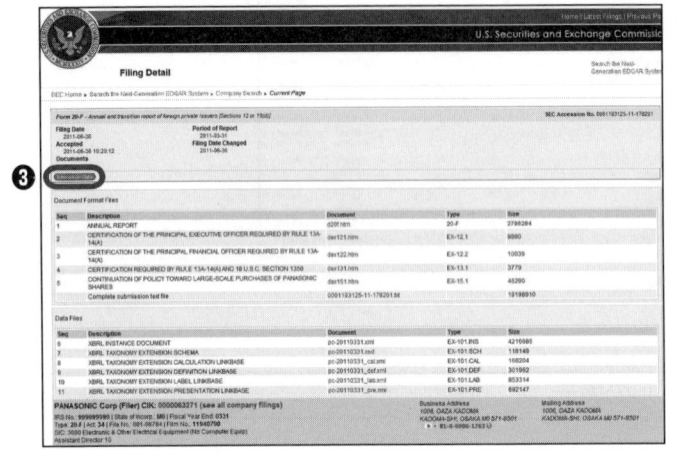

❸ 左記の青い「Interactive Data」ボタンをクリックします。

❹ 閲覧画面(View Filing Data)が表示されます。XBRLの内容を変換したものです。現在、SECに提出するXBRLデータは、財務諸表本体と注記情報です(日本のEDINETは、財務諸表本体のみ)。

　書類と会社情報ボタン、財務諸表ボタン、注記ボタン、会計方針ボタンがあり表示されています。

❺ 財務諸表ボタンをクリックします。

第3章　米国企業のデータ収集

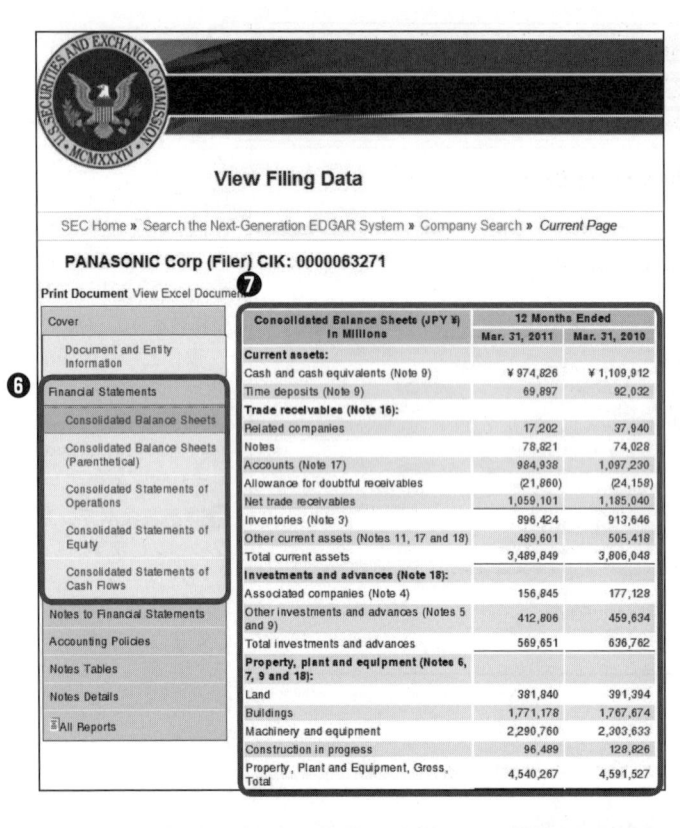

❻種類を選択する画面が表示されるので，表示したい財務諸表をクリックします。

❼右側の画面に表示されます。

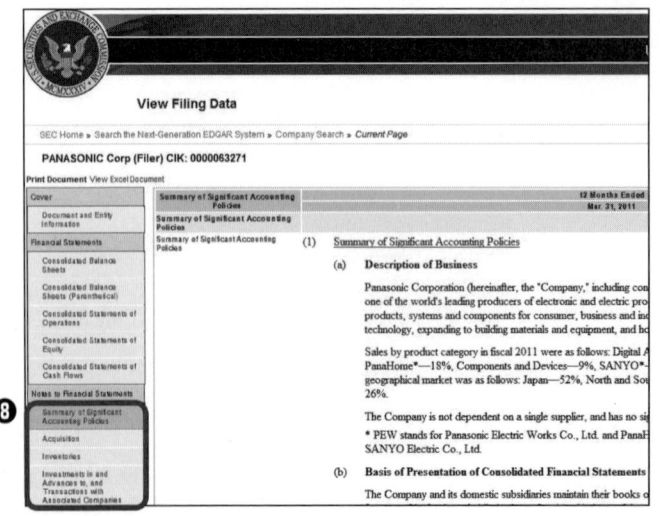

❽注記(Notes to Financial Statements)も同様の方法で表示されます。

3 | 印刷, Excelファイルのダウンロード

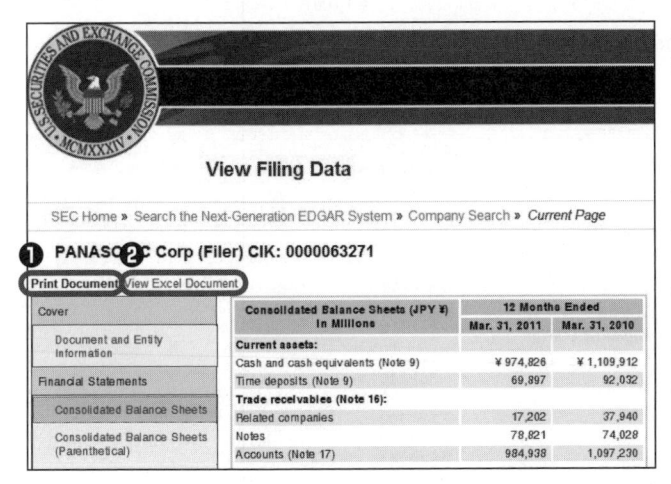

❶ XBRLファイルを表示した場合, 印刷ボタンをクリックすることにより印刷することができます。さらに, XBRLファイルをExcelに変換したものが当EDGARのサイトからダウンロードできるようになっています(日本の場合は, EDINETのサイトにおいてはExcel形式でダウンロードできません。今後の課題です)。

❷ 「View Excel Document」ボタンをクリックします。

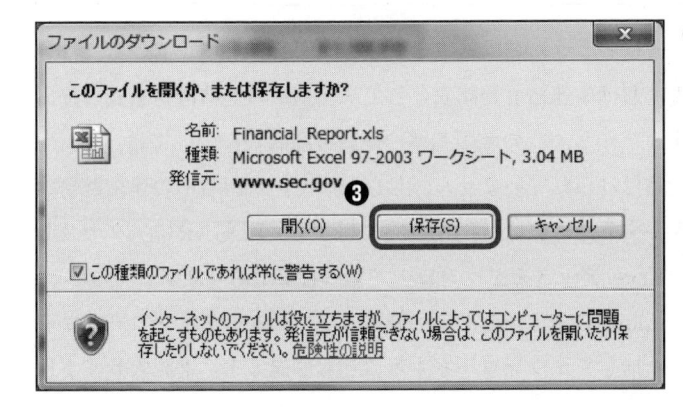

❸ この画面が表示されますので, 適当なフォルダーに保存します。

❹

	A	B	C
1	Consolidated Balance Sheets (JPY	12 Months Ended	
2	In Millions	Mar. 31, 2011	Mar. 31, 2010
3	Current assets:		
4	Cash and cash equivalents (Note 9)	¥ 974,826	¥ 1,109,912
5	Time deposits (Note 9)	69,897	92,032
6	Trade receivables (Note 16):		
7	Related companies	17,202	37,940
8	Notes	78,821	74,028
9	Accounts (Note 17)	984,938	1,097,230
10	Allowance for doubtful receivables	-21,860	-24,158
11	Net trade receivables	1,059,101	1,185,040
12	Inventories (Note 3)	896,424	913,646
13	Other current assets (Notes 11, 17 and 18)	489,601	505,418
14	Total current assets	3,489,849	3,806,048
15	Investments and advances (Note 18):		
16	Associated companies (Note 4)	156,845	177,128
17	Other investments and advances (Notes 5 and 9)	412,806	459,634
18	Total investments and advances	569,651	636,762
19	Property, plant and equipment (Notes 6, 7, 9 and 18):		
20	Land	381,840	391,394
21	Buildings	1,771,178	1,767,674
22	Machinery and equipment	2,290,760	2,303,633
23	Construction in progress	96,489	128,826
24	Property, Plant and Equipment, Gross, Total	4,540,267	4,591,527
25	Less accumulated depreciation	2,656,958	2,635,506
26	Net property, plant and equipment	1,883,309	1,956,021

❹ダウンロードしたExcelシートを開くと下記の画面が表示されます。

4 │ XBRLファイルのダウンロード

　パナソニック株式会社のようにニューヨーク証券取引所に上場している会社等は，有価証券報告書における連結財務諸表として米国基準の連結財務諸表の提出が認められています。しかし，この米国基準の連結財務諸表については，XBRLファイルの提出が義務付けられていません。したがって，米国基準の連結財務諸表の電子データを入手するためには，EDINETではなく，EDGARにアクセスしてXBRLファイルかExcelデータをダウンロードする必要があります。

　XBRLファイルはFiling Detail画面から，個々のファイルをダウンロードすることが可能ですが，一括してダウンロードすることも可能です。下記のサイトにアクセスします。

　　http://www.sec.gov/Archives/edgar/monthly/

Index of /Archives/edgar/monthly

Name	Last modified	Size	Description
Parent Directory		-	
xbrlrss-2009-11.xml	13-Sep-2011 20:43	1.3M	
xbrlrss-2009-12.xml	13-Sep-2011 20:43	191K	
xbrlrss-2010-01.xml	13-Sep-2011 20:43	160K	
xbrlrss-2010-02.xml	13-Sep-2011 20:43	2.3M	
xbrlrss-2010-03.xml	13-Sep-2011 20:43	632K	
xbrlrss-2010-04.xml	13-Sep-2011 20:43	693K	
xbrlrss-2010-05.xml	13-Sep-2011 20:43	1.4M	
xbrlrss-2010-06.xml	13-Sep-2011 20:43	263K	
xbrlrss-2010-07.xml	13-Sep-2011 20:43	1.3M	
xbrlrss-2010-08.xml	13-Sep-2011 20:43	4.1M	
xbrlrss-2010-09.xml	13-Sep-2011 20:43	580K	
xbrlrss-2010-10.xml	13-Sep-2011 20:43	1.6M	
xbrlrss-2010-11.xml	13-Sep-2011 20:43	4.3M	
xbrlrss-2010-12.xml	13-Sep-2011 20:43	545K	
xbrlrss-2011-01.xml	13-Sep-2011 20:43	461K	
xbrlrss-2011-02.xml	13-Sep-2011 20:43	7.0M	
xbrlrss-2011-03.xml	13-Sep-2011 20:43	3.2M	
xbrlrss-2011-04.xml	13-Sep-2011 20:43	2.3M	
xbrlrss-2011-05.xml	13-Sep-2011 20:43	7.3M	
❶ xbrlrss-2011-06.xml	13-Sep-2011 20:43	1.4M	
xbrlrss-2011-07.xml	13-Sep-2011 20:43	3.1M	
xbrlrss-2011-08.xml	13-Sep-2011 20:43	22M	
xbrlrss-2011-09.xml	01-Oct-2011 01:01	5.1M	
xbrlrss-2011-10.xml	01-Dec-2011 12:16	4.9M	
xbrlrss-2011-11.xml	01-Dec-2011 12:10	26M	

❶パナソニック株式会社の場合，先ほどの財務諸表は2011年6月30日に提出されていますので，2011年のアーカイブフォルダーをクリックして，開きます。

第3章 米国企業のデータ収集

```
VALUED ADVISERS TRUST (0001437249) (Filer)
2011年6月30日23:48:17 →
497
  0000950123-11-063087-xbrl.zip

PANASONIC Corp (0000063271) (Filer)
2011年6月30日23:20:12 →
20-F
❷  0001193125-11-178201-xbrl.zip

SCOUT FUNDS (0001105128) (Filer)
2011年6月30日22:57:20 →
497
  0001144204-11-038353-xbrl.zip
```

❷この画面が表示されるので，PANASONIC Corpのファイル名をクリックし，適当なフォルダーに保存します。

　このXBRLファイルを実際に読むためには専用の汎用ソフトウェア（Hitachi Consulting CorporateのXinba等のビューア）が必要となります。なお，TeCAXでは読むことができません。

第4章
連結財務諸表の読み方

1 連結財務諸表と個別財務諸表

　まず財務諸表は，対象とする範囲の観点から**個別財務諸表**と**連結財務諸表**に大きく分けることができます。**個別財務諸表**は，子会社やグループ企業を含まない，その企業単体の情報を示しています。それに対して**連結財務諸表**は，子会社やグループ企業を含めた企業グループ全体の情報を示しています。

　近年では**連結財務諸表**が重視される傾向にあるため，本書でもこちらを分析の対象としています。連結財務諸表には，①連結貸借対照表，②連結損益計算書，③連結包括利益計算書，④連結株主資本等変動計算書，⑤連結キャッシュ・フロー計算書，⑥連結附属明細表の六つがあります。

　連結財務諸表の分析を行う前に，特に重要性の高い三つの財務諸表，**連結貸借対照表**，**連結損益計算書**および**連結キャッシュ・フロー計算書**について簡単に説明しておきます。

2 連結貸借対照表

1　連結貸借対照表の概要

　貸借対照表は一定時点における企業の財政状態を明らかにする財務諸表です。したがって，連結貸借対照表は**一定時点における企業グループ全体の財政状態**を示しています。四半期末もしくは年度末に作成され，**資産**，**負債**，**純資産**が記載されます。最も単純に図式化すると下図のようになります。貸借対照表では，「**資産＝負債＋純資産**」，「**純資産＝資産－負債**」の式が成立します。

連結貸借対照用

資産 100	負債 60
	純資産 40

　資産とは企業が所有する現金・預金および換金可能な財産，もしくはサービスの提供を受ける権利です。**負債**とは現金の支払い，もしくはサービスを提供する義務です。**純資産**とは資産と負債の差額で，株主からの出資である「資本金」や利益の留保である「利益剰余金」，「その他の包括利益」や「少数株主持分」などが含まれています。

　シャープ株式会社（以下，シャープ）の連結貸借対照表を参考にしながら，内容と基本的な用語を簡単に説明しておきます。財務諸表はまとめて章末に載せています。

2　資産の部

　資産の部は，**ア．流動資産**，**イ．固定資産**，**ウ．繰延資産**に区分されます。

ア．流動資産

　流動資産には，現金・預金，その他1年以内に現金化可能，もしくはサービスの提供を受ける権利などの資産（**1年基準**または**ワンイヤールール**）と，商品の仕入から販売，または製品の製造から販売のサイクルに関連する資産（**正常営業循環基準**）が含まれています。

　例えば**未収入金**は，商品もしくは製品の販売サイクル以外の取引による現金を受け取る権利ですが，これは1年以内に現金化されるという企業側の判断によって流動資産に分類されています。また，売買目的の株式や社債などを所有している場合は，一時的な所有で通常1年以内に売却すると考えられ，**有価証券**という流動資産になります。**受取手形**や**売掛金**は正常営業循環基準のサイクルに基づい

て発生した現金を受け取る権利です。**たな卸商品**は在庫であって販売されないと現金化できませんが，これも正常営業循環基準の適用により流動資産に分類されます。

イ．固定資産

　固定資産はさらに，**有形固定資産，無形固定資産，投資その他の資産**に区分されます。有形固定資産は，建物，土地や車（運搬具として表示されている）など，実際に形のある目に見える資産です。無形固定資産はソフトウェア，特許権や商標権など，形のない資産です。投資その他の資産は，長期保有目的の株式や社債（勘定科目は投資有価証券），有形固定資産や無形固定資産に該当せず，現金化が1年以上先だと判断される資産です。

ウ．繰延資産

　繰延資産は，すでにサービスの提供を受け代金の支払いが済み，もしくは支払い義務が確定しており，**実質的には費用でありながら，その効果が将来にわたって期待されるため資産計上が認められている**ものです。そのため，現金化可能もしくはサービスの提供を受ける権利が中心である流動資産，固定資産とは，性格が大きく異なります。繰延資産を多く所有していても，財産が大きいとは判断できないことに注意が必要です。

　このような理由から繰延資産は効果が長期におよぶとしても，毎期ごとに償却（費用化）して貸借対照表上の価値を減少させることが求められます。繰延資産の種類と償却の年数は次のとおりです。

　会社を設立するための**創立費**（5年），開業準備にかかる**開業費**（5年），新技術や新市場の開拓のための**開発費**（5年），会社設立後に株式を発行するための**株式交付費**（3年），社債を発行するための**社債発行費**（社債の償還期限内）。

3　負債の部

　負債の部は，**ア．流動負債**と**イ．固定負債**に区分されます。

ア．流動負債

流動負債には，流動資産と同様に1年基準による，現金の支払いまたはサービスを提供する義務などの負債と，正常営業循環基準のサイクルによって発生する負債が含まれています。

例えば**未払費用**は，サービスの提供を受けた後まだ対価を支払っていないという勘定科目で，これは1年以内に支払われるという企業側の判断によって流動負債に分類されています。また，1年以内に返済予定の借入金として**短期借入金**があります。**支払手形**や**買掛金**は正常営業循環基準のサイクルに基づいて発生した現金を支払う義務です。

イ．固定負債

固定負債には，**社債**や**長期借入金**など現金の支払い（返済）期日が1年を超える負債や，従業員の退職金や企業年金のための積立金である**退職給付引当金**が含まれています。

4　純資産の部

純資産の部は，ア．**株主資本**とイ．**その他の包括利益**に区分され，さらに該当するする記載事項がある場合は，**新株予約権**，**少数株主持分**が表示されます。

新株予約権とは，所有者がその権利を行使した場合，あらかじめ定められていた条件で新株の発行，もしくは会社が所有する自己株式を譲渡する義務です。**少数株主持分**とは，連結対象の子会社に自社（親会社）以外の株主がいる場合に発生します。子会社の資本勘定のうち親会社に帰属しない部分が少数株主持分となります。

ア．株主資本

株主資本には，**資本金**，**資本剰余金**，**利益剰余金**，**自己株式**などが含まれています。**資本金**とは，株式会社が株式を発行することによって得た資金で，株主からの出資金です。**資本剰余金**には，株式の発行によって得られた金額のうちで資本金としなかった額（最大で半分まで）である**資本準備金**と**その他資本剰余金**が

あります。

利益剰余金には，企業活動によって得た利益のうち，株主に分配せず社内に留保した**利益準備金**，各種の積立金や前年度から引き継いだ**繰越利益剰余金**などがあります。**自己株式**とは，自社の株式の保有額のことで需給バランスの調整，株主から単位株（証券市場での売買単位）未満の株式の買い取りや，新株予約権の行使に備えて調達した場合などに発生します。

イ．その他包括利益

その他包括利益には，その他有価証券評価差額金，繰延ヘッジ損益，為替換算調整勘定などが含まれています。**その他有価証券評価差額金**は，主に持ち合い株式の帳簿価額と時価との差額です。**繰延ヘッジ損益**は，所有する債権等の価格変動リスクを，デリバティブとよばれる手段を用いて対処する場合に発生します。

為替換算調整勘定は，海外の子会社を連結する際に発生する為替レートの評価差額です。海外子会社の資産と負債が決算時のレートで換算されるのに対し，資本項目には親会社による取得時のレートが適用されるため，評価差額が発生します。

3 連結損益計算書

1 連結損益計算書の概要

損益計算書は一定期間における企業の経営成績を明らかにする財務諸表です。したがって，連結損益計算書は**一定期間における企業グループ全体の経営成績**を示しています。主に四半期末もしくは年度末に作成され，**収益**，**費用**，**当期純利益**（当期純損失の場合もある）が記載されます。最も単純に図式化すると下図のようになります。損益計算書では，「当期純利益＝収益－費用」の式が成立します。

連結損益計算書

費用 170	収益 200
当期純利益 30	

　収益とは，営業活動の成果であり，当期純利益にプラスになるものです。具体的には，売上高，受取利息，有価証券売却益などです。**費用**とは，営業活動に必要で資産の増加を伴わない支出であり，当期純利益にマイナスとなるものです。具体的には，仕入，給料，支払利息などです。営業活動に必要な建物を購入した場合は資産の増加となり，これは費用ではありません。

　当期純利益とは，収益から費用を引いた差額で，法人税等の調整を経て，株主への配当金の分配や利益剰余金を積み増すための原資となります。費用が収益よりも大きく**当期純損失**を計上した場合は，利益剰余金，資本剰余金，資本金の順に取り崩して損失を埋めることになります。

　連結損益計算書を読むためには，**五つの利益**を理解することが大切です。その五つとは，**売上総利益，営業利益，経常利益，税金等調整前当期純利益，当期純利益**です。

　シャープの連結損益計算書を参考にしながら，内容と基本的な用語を簡単に説明しておきます。

2　五つの利益

ア．売上総利益「売上高−売上原価」

　売上総利益は，売上高から**売上原価**を差し引いた利益で**粗利**（あらり）ともよばれます。売上原価は，流通業であれば**仕入原価**，製造業であれば製造に要した材料費，労務費，水道光熱費や外注加工費などの経費を含む**製造原価**となります。

　売上総利益が大きいということは，仕入価格もしくは製造コストを低く抑え，高い**ブランドイメージ**や**付加価値**によって十分な価格で販売できていることを示

します。ここから様々なコストを引いた最終の利益が当期純利益であるため，必要な売上総利益が得られなければ，目標とする当期純利益に到達することも非常に難しくなります。

イ．営業利益「売上総利益－販売費及び一般管理費」

営業利益は，売上総利益から**販売費及び一般管理費**（販管費）を差し引いた利益です。販管費には，**広告宣伝費**や**通信費**，従業員への**給料**や**福利厚生費**，事務所の**支払家賃**，**水道光熱費**や**消耗品費**などがあります。

販管費は本業を営むために必ず発生する費用であり，営業利益は当該企業の**財務体質を考慮しない本業の収益力**を示しています。財務体質とは主に借入金の額に応じた支払利息の負担です。

同業他社と比較して，売上総利益が同程度なのに営業利益が小さい場合は，ライバル企業より販管費が多く発生している，ということになります。

ウ．経常利益「営業利益＋営業外収益－営業外費用」

経常利益は，営業利益に**営業外収益**を足して**営業外費用**を引いた利益です。営業外収益には，**受取利息**，**受取配当金**，**有価証券売却益**，**為替差益**などがあります。営業外費用には，**支払利息**，**有価証券売却損**，**為替差損**などがあります。

営業利益よりも経常利益が大きい場合は，多くの金融資産を保有し，利息や運用益を得ていると考えることができます。反対に，経常利益のほうが小さい場合には，借入金が多いために支払利息の負担が大きい，金融資産の運用で損失が出ている，と考えることができます。

営業外損益には，必ずしも本業に必須とされないものが含まれています。しかしながら，営業外損益がゼロというケースは通常考えられず，毎年発生しています。経常利益は，**本業に財務体質および金融資産の運用能力を加えた収益能力**を示しており，日本では一般にこの利益を重視する傾向があります。

エ．税金等調整前当期純利益「経常利益＋特別利益－特別損失」

税金等調整前当期純利益は，経常利益に**特別利益**を足して**特別損失**を引いた利

益です。特別利益には**投資有価証券売却益**（長期保有目的であった有価証券），**保険差益**（支給された保険金が損害を受けた財産の帳簿価額より大きい場合に発生），**固定資産売却益**などがあります。特別損失には，**固定資産売却損，固定資産除却損**（廃棄処分），**事業構造改善費用**（事業再編計画に伴うリストラ関連費用），**災害損失**などがあります。

　税金等調整前当期純利益利益には，上記のような毎期発生するとは限らない，特別な理由による項目が含まれています。したがって，来年度以降の利益額の継続性という観点からは，営業利益や経常利益のほうが重要と考えることができます。しかし，実際に配当の財源となるベースは特別損益を含めた利益であり，税金等調整前当期純利益は**企業による１年間の活動すべてを含んだ成果**といえます。

　オ．当期純利益「税金等調整前当期純利益－法人税等合計－少数株主利益」

　当期純利益は，税金等調整前当期純利益から法人税等合計と子会社の利益のうちで少数株主に属する値を控除した当該企業グループの最終利益となります。株主への配当および内部留保への財源となり，財務諸表分析にもよく利用されます。

４ 連結キャッシュ・フロー計算書

1　連結キャッシュ・フロー計算書の概要

　キャッシュ・フロー計算書は，**一定期間におけるキャッシュ・フロー**（資金の流れ），**現金を得る能力と支払能力**を示しています。主に四半期末と年度末に作成されますが，平成23年度以降は四半期報告書の簡素化の一環として，第1四半期および第3四半期での作成は任意となっています。

　損益計算書による当期純利益は，**発生主義**にもとづいて算出されているため，実際の現金収入とは異なります。例えば，売上を計上すれば利益の増加につながりますが，代金を回収するまで現金は増えません。そのため，当期純利益を計上していても，日々の営業活動に必要な現金が不足する恐れがあり，その場合，会社は倒産してしまいます（**黒字倒産**）。

キャッシュ・フロー計算書でのキャッシュの考え方は，必ずしも実際の現金と一致するわけではありませんが，当期純利益を補完する役割があります。キャッシュ・フロー計算書を最も単純に図式化すると下図のようになります。

連結キャッシュ・フロー計算書	
営業活動によるキャッシュ・フロー	300
投資活動によるキャッシュ・フロー	△200
財務活動によるキャッシュ・フロー	150
現金及び現金同等物の増減額	250
現金及び現金同等物の（期首）残高	400
現金及び現金同等物の（期末）残高	650

　三つのキャッシュ・フロー，(1) **営業活動によるキャッシュ・フロー**（営業CF），(2) **投資活動によるキャッシュ・フロー**（投資CF），(3) **財務活動によるキャッシュ・フロー**（財務CF），の合計に期首残高を足した値が，期末の現金および現金同等物となります。

　シャープの連結キャッシュ・フロー計算書を参考にしながら，内容と基本的な用語を簡単に説明しておきます。

2　三つのキャッシュ・フロー

ア．営業活動によるキャッシュ・フロー（営業CF）

　営業CFは**本業による資金の流れ**を示しており，基本的に**大きいほど資金を得る能力が高い**と考えられます。税金等調整前当期純利益をベースに調整を行うことによって計算されますが，この仕組みを理解するには少しコツが必要です。

　例えば，減価償却費は当期純利益の計算に費用として算入されていますが，実際には現金の支出を伴わない費用です。そのため，減価償却費は営業CFにプラ

スされます。受取利息は現金収入ですが，営業外収益に属するためマイナスします（営業CFのベースとなる当期純利益に算入されているため）。その反対に支払利息はプラスします。売上債権（売掛金や受取手形）の減少は，その分だけ現金化できたとして営業CFにプラス，売上債権の増加は現金化が遅れているとしてマイナスします。仕入債務（買掛金や支払手形）の減少は，その分だけ現金の支払額が増加したとして営業CFにマイナス，仕入債務の増加は社内に現金が残っているためプラスとなります。

　営業CFは「小計」によって区分されています。ここまでを本来の営業CFと考えることもできますが，営業外損益である利息や法人税等を調整した額が営業CFの合計として表示されます。

イ．投資活動によるキャッシュ・フロー（投資CF）

　投資CFは定期預金，投資有価証券の売買や有形固定資産の購入と売却などを示しています。中心となる項目は有形固定資産と考えられます。**事業の拡大のために投資を行っているのか，不採算部門の縮小・撤退のために売却しているのかが見えてきます**。

　出資によってグループ企業を増やしたり事業の拡大が図られる場合，基本的に投資CFはマイナスになります。プラスになっている場合は事業を縮小している可能性がありますが，事業の再構築の過程であれば悪い展開とは限りません。したがって，**投資CFは金額よりも内容を見ることが大切**です。

ウ．財務活動によるキャッシュ・フロー（財務CF）

　財務CFには，株式の交付による**株主からの資金調達**および**配当金の支払い**も含んでいますが，主に銀行からの**借入金**や**社債**による資金のやりとりが表示されています。借入金の増加は手元の現金が増えるため財務CFはプラス，借入金の減少は返済によって手元の現金が減少するためマイナスとなります。

　単純には，借入金は増加するより減少したほうが良いと考えてしまいますが，事業を拡大するために資金調達を行っているのであれば，財務CFがプラスになるのは悪いことではありません。資金繰りが苦しくて借入金を増やしている場合

は，良くない展開ですが，資金を提供する銀行や投資家がいると評価することもできます。

　一方で，資金に余裕があるため有利子負債を返済する，というパターンもあります。この場合，手元の資金は減少し財務CFはマイナスとなりますが，良い展開だといえます。したがって，投資CFと同様に**財務CFも金額よりも内容を見ることが大切**です。

3　フリー・キャッシュ・フロー

　その他に，計算書には表示されていませんが，**フリー・キャッシュ・フロー（FCF）**という考え方も重要です。FCFとは，営業活動で得た資金から予定していた投資活動に支出した資金を差し引いた残額で，**企業が自由に使い道を決められる資金**とされます。この資金は，新規事業への投資や有利子負債の返済などに使用されることになります。

　FCFは，簡便的に「**FCF＝営業CF＋投資CF**」という式で求められます。計算式では投資CFをプラスすることになっていますが，実際には，投資CFはマイナスであることが多く，その場合，FCFは営業CFより小さくなります。FCFがプラスであれば，**投資活動に必要な資金を外部に頼らず，自社の営業活動から得た資金で調達できている**，ということを示しています。

　シャープのH22年3月期のFCFは約500億円，H23年3月期は約△770億円となっています。H23年3月期は営業CFが約1,360億円も減少しているのに，投資CFは少ししか減っていないことに原因があります。FCFの減少は基本的にはマイナス評価ですが，将来の収益のために積極的な投資を続けていると考えることもできます。

　FCFが大幅なマイナスとなったため，借入金を増やしていますが，財務CFも結局マイナスとなっています。結果として，H23年3月期の「現金及び現金同等物の期末残高」は前年より約870億円少なくなっています。

シャープ株式会社　連結貸借対照表　（単位：百万円）

	H22年3月31日	H23年3月31日
資産の部		
流動資産		
現金及び預金	348,414	247,888
受取手形及び売掛金	439,877	392,780
たな卸資産	411,263	486,060
繰延税金資産	64,347	93,810
未収入金		184,646
その他	158,631	120,096
貸倒引当金	△4,997	△2,730
流動資産合計	1,417,535	1,522,550
固定資産		
有形固定資産		
建物及び構築物	795,380	840,912
機械装置及び運搬具	1,608,673	1,607,772
工具，器具及び備品	382,537	391,308
土地	101,573	100,124
建設仮勘定	36,138	31,269
その他	39,237	42,443
減価償却累計額	△1,935,934	△2,048,914
有形固定資産合計	1,027,604	964,914
無形固定資産		
工業所有権	14,792	12,250
ソフトウエア	49,584	46,189
その他	11,755	27,680
無形固定資産合計	76,131	86,119
投資その他の資産		
投資有価証券	91,575	97,832
繰延税金資産	115,667	101,259
その他	104,116	110,442
貸倒引当金	△726	△672
投資その他の資産合計	310,632	308,861
固定資産合計	1,414,367	1,359,894
繰延資産		
社債発行費	3,173	2,316
その他	1,180	918
繰延資産合計	4,353	3,234
資産合計	2,836,255	2,885,678

シャープ株式会社　連結貸借対照表　（続き）

	H22年3月31日	H23年3月31日
負債の部		
流動負債		
支払手形及び買掛金	554,368	531,638
短期借入金	97,886	128,453
1年内償還予定の社債	30,698	10,290
コマーシャル・ペーパー	165,755	139,766
未払費用	155,149	169,991
賞与引当金	28,281	29,434
製品保証引当金	12,767	14,975
その他	179,002	221,366
流動負債合計	1,223,906	1,245,913
固定負債		
社債	225,057	215,046
新株予約権付社債	202,497	201,783
長期借入金	72,560	125,623
退職給付引当金	5,462	4,618
その他	40,913	44,050
固定負債合計	546,489	591,120
負債合計	1,770,395	1,837,033
純資産の部		
株主資本		
資本金	204,676	204,676
資本剰余金	268,534	268,530
利益剰余金	649,795	648,935
自己株式	△13,805	△13,863
株主資本合計	1,109,200	1,108,278
その他の包括利益累計額		
その他有価証券評価差額金	7,372	5,915
繰延ヘッジ損益	218	△1,028
為替換算調整勘定	△72,283	△85,317
在外子会社の年金債務調整額		△1,815
その他の包括利益累計額合計	△64,693	△82,245
少数株主持分	21,353	22,612
純資産合計	1,065,860	1,048,645
負債純資産合計	2,836,255	2,885,678

第4章 連結財務諸表の読み方

シャープ株式会社　連結損益計算書　（単位：百万円）

	H22年3月期	H23年3月期
売上高	2,755,948	3,021,973
売上原価	2,229,510	2,452,345
売上総利益	526,438	569,628
販売費及び一般管理費	474,535	490,732
営業利益	51,903	78,896
営業外収益		
受取利息	2,238	2,004
固定資産賃貸料	12,328	12,094
為替差益	0	10,247
持分法による投資利益	1,292	3,285
その他	7,617	9,857
営業外収益合計	23,475	37,487
営業外費用		
支払利息	7,190	7,712
コマーシャル・ペーパー利息	604	289
固定資産賃貸費用	9,455	9,449
その他	27,134	39,809
営業外費用合計	44,383	57,259
経常利益	30,995	59,124
特別利益		
固定資産売却益	152	156
退職給付制度終了益		1,631
特別利益合計	152	1,787
特別損失		
固定資産除売却損	4,930	7,376
事業構造改革費用	20,078	12,655
特別損失合計	25,008	20,031
税金等調整前当期純利益	6,139	40,880
法人税，住民税及び事業税	15,092	26,927
法人税等調整額	△15,090	△7,244
法人税等合計	2	19,683
少数株主損益調整前当期純利益		21,197
少数株主利益	1,740	1,796
当期純利益	4,397	19,401

シャープ株式会社　連結キャッシュ・フロー計算書　（単位：百万円）

	H22年3月期	H23年3月期
営業活動によるキャッシュ・フロー		
税金等調整前当期純利益	6,139	40,880
減価償却費	264,429	272,081
受取利息及び受取配当金	△3,547	△3,119
支払利息及びコマーシャル・ペーパー利息	7,794	8,001
為替差損益（△は益）	3,609	△938
固定資産除売却損	4,930	7,376
売上債権の増減額（△は増加）	△87,301	26,872
たな卸資産の増減額（△は増加）	△22,250	△83,749
未収入金の増減額（△は増加）		△85,492
仕入債務の増減額（△は減少）	131,698	△762
その他	△6,983	18,095
小計	298,518	199,245
利息及び配当金の受取額	4,041	3,664
利息の支払額	△7,551	△8,148
法人税等の支払額又は還付額（△は支払）	8,556	△27,318
営業活動によるキャッシュ・フロー	303,564	167,443
投資活動によるキャッシュ・フロー		
定期預金の預入による支出	△39,764	△13,200
定期預金の払戻による収入	39,138	31,641
連結の範囲の変更を伴う子会社株式の取得による支出		△24,524
有形固定資産の取得による支出	△222,772	△195,404
有形固定資産の売却による収入	1,910	992
投資有価証券の取得による支出	△4,101	△9,738
投資有価証券の売却による収入	1,207	130
貸付けによる支出	△226,114	
貸付金の回収による収入	226,281	
その他	△29,590	△34,510
投資活動によるキャッシュ・フロー	△253,805	△244,613

シャープ株式会社　連結キャッシュ・フロー計算書（続き）

	H22年3月期	H23年3月期
財務活動によるキャッシュ・フロー		
短期借入金の純増減額（△は減少）	△2,178	32,687
コマーシャル・ペーパーの増減額（△は減少）	△169,027	△25,359
長期借入れによる収入	796	80,566
長期借入金の返済による支出	△641	△35,701
社債の発行による収入	156,378	5,159
社債の償還による支出	△7,620	△35,500
少数株主からの払込みによる収入	10,000	0
自己株式の取得による支出	△80	△68
配当金の支払額	△15,411	△21,999
その他	△7,658	△6,039
財務活動によるキャッシュ・フロー	△35,441	△6,254
現金及び現金同等物に係る換算差額	△4,187	△3,790
現金及び現金同等物の増減額（△は減少）	10,131	△87,214
現金及び現金同等物の期首残高	317,358	328,125
新規連結に伴う現金及び現金同等物の増加額	228	199
合併に伴う現金及び現金同等物の増加額	69	0
連結子会社の決算期変更に伴う現金及び現金同等物の増減額（△は減少）	339	0
現金及び現金同等物の期末残高	328,125	241,110

第5章
連結財務諸表の分析

❶ 分析の手法とExcelの操作

　連結財務諸表はそれ自体で非常に有用な情報です。しかし，財務分析を行うことによって数字が意味を持ち，より多くの情報を得て理解することができます。

　財務諸表を分析する際，立場の違いによって重視する内容も異なります。例えば，資金を融資する金融機関の立場なら，その企業の**安全性**（財務体質）が特に重要となるでしょう。経営者なら**効率性**や**収益性**，株主もしくは将来株主（株式を購入するか検討中の投資家）なら，株価の水準を評価する**株価分析**が重視されると考えられます。ただし，すべての財務情報は密接に関係しており，金融機関が対象企業の収益性を軽視したり，経営者が株価を軽視するということはありません。

　本書では，**安全性分析**，**効率性分析**，**収益性分析**および**株価分析**の基本的な手法を紹介します。**第2章**で説明した**TeCAX**を利用して入手したシャープ株式会社（以下，シャープ）のExcelファイルを元に分析を行います（Excel2010を使用）。

（Excelの操作）

　実際に分析を始める前にExcelファイルを使いやすいように少し加工しておきます。

❶シャープのExcelファイルを開いて「ConsolidatedBS」（連結貸借対照表）シートを表示します。

❷分析に不要な列をE，C，Bの順に削除します。列Eを削除するには，列Eの上にある「E」の文字近くにマウスポインタを移動させて右クリックし，コマンドメニューが表示されたら「削除」を選択します。列D以降は空白になります。

❸A3の「連結貸借対照表」の続きに（単位：百万円），B3に「H22年3月末」，セルC3に「H23年3月末」と入力します。

❹1行目と2行目を削除します。1行目の左側にある「1」の文字近くにマウスポインタを

第5章　連結財務諸表の分析

移動させてクリックし，2行目までドラッグして選択したら，右クリックでコマンドメニューを表示させて「削除」を選択します。

❺列の幅を調整します。マウスポインタをA列とB列の間に移動させて，マウスポインタが左右両方を向いた矢印に変わったらダブルクリックします。同様にB列とC列も調整します。

❻罫線（外枠と縦）を引きます。A1をクリックしC74までドラッグした後，右クリックでコマンドメニューを表示させて「セルの書式設定」を選択します。次に「罫線」タブを選択し，外枠のアイコンと中央に縦の線があるアイコンをクリックします。ここまでの操作を行うと次のようになります。

連結貸借対照表の加工

	A	B	C
1	連結貸借対照表（単位：百万円）	H22年3月末	H23年3月末
2	資産の部		
3	流動資産		
4	現金及び預金	348,414	247,888
5	受取手形及び売掛金	439,877	392,780
6	たな卸資産	411,263	486,060
7	繰延税金資産	64,347	93,810
8	未収入金		184,646
9	その他	158,631	120,096
10	貸倒引当金	△4,997	△2,730
11	流動資産合計	1,417,535	1,522,550

❼「ConsolidatedPL」（連結損益計算書）シートを表示して，同様に加工してください。

連結損益計算書の加工

	A	B	C
1		H21年4月1日～	H22年4月1日～
2	連結損益計算書（単位：百万円）	H22年3月31日	H23年3月31日
3	売上高	2,755,948	3,021,973
4	売上原価	2,229,510	2,452,345
5	売上総利益	526,438	569,628
6	販売費及び一般管理費	474,535	490,732
7	営業利益	51,903	78,896

2 安全性の分析

　安全性の分析は，企業の財務体質や支払能力を評価するためのものです。具体的には，流動比率，当座比率，自己資本比率，有利子負債依存度，固定比率，固定長期適合率などがあります。

1 流動比率
「流動比率＝流動資産/流動負債」（％）

　流動比率は，短期のうちに現金の支出が必要となる流動負債を流動資産でまかなうことができるか，**短期の支払能力を評価する指標**です。両者の値が等しい時は100％となります。基本的に**値が大きいほうが良いと評価**されます。

　200％以上が望ましいとされることがありますが，そのケースは少なく，大きすぎる流動比率には，安全性は高くても，余剰資金を抱えすぎているという別の問題が発生してきます。実際には百数十％程度の企業が多く，流動資産の内容が大切です。例えば，流動資産に占める現金の比率が極端に小さい場合は注意が必要です。

　シャープのH22年3月末の流動比率は115.8％，H23年3月末は122.2％です。十分に高いとまではいえませんが，流動資産の内容次第で短期の支払能力に問題のない値です。ただし，H23年度は前年より高い値ですが，「現金及び預金」が約1,000億円も減少し，「たな卸資産」が約750億円増加しています。そのため，むしろ実質的な流動比率は低下したとも考えられ注意が必要です。H22年度は流動資産に占める「現金及び預金」の割合は24.6％だったのに対し，H23年度は16.3％に低下しています。この値もExcelで簡単に計算できるので実際に試してください。

流動比率

	A	B	C
1	連結貸借対照表 （単位：百万円）	H22年3月末	H23年3月末
2	資産の部		
3	流動資産		
4	現金及び預金	348,414	247,888
5	受取手形及び売掛金	439,877	392,780
6	たな卸資産	411,263	486,060
7	繰延税金資産	64,347	93,810
8	未収入金		184,646
9	その他	158,631	120,096
10	貸倒引当金	△4,997	△2,730
11	☆流動資産合計	1,417,535	1,522,550
12	☆流動比率	115.8%	122.2%
50	☆流動負債合計	1,223,906	1,245,913

(Excelの操作)

❶ シャープのファイルを開いて「ConsolidatedBS」シートを表示させます。
❷ 12行目「12」の文字近くにマウスポインタを移動させて，右クリックします。コマンドメニューが開いたら「挿入」を選択します。
❸ A12に「☆流動比率」と入力します。目立つように「☆」をつけましたが，右寄せしてさらに他の項目と区別しやすいようにします。
❹ B12をクリックして，半角で「＝B11／B50」と入力します（B11とB50はクリック）。B11は流動資産合計，B50は流動負債合計です。すると，「1」と表示されると思います。他の値が表示されても問題ありません。
❺ B12をクリックして，さらに右クリックします。コマンドメニューが開いたら「セルの書式設定」を選択，「表示形式」タブ，分類「パーセンテージ」，小数点以下の桁数を「1」とします。そうするとB12に「115.8%」と表示されます。
❻ 同じ要領でC12でも流動比率を計算します。「122.2%」と表示されます。

2　当座比率

「当座比率＝当座資産／流動負債」（％）

　当座比率は，流動負債に対応する流動資産の対象を，より換金性の高い当座資産に限定して**流動比率よりも厳しい視点で短期の支払能力を評価する指標**です。当座資産には，現金・預金，売上債権，売買目的有価証券などがあります。当座資産と流動負債の値が等しい時は100％で，この値が目安にもなります。基本的に

値が大きいほうが良いと評価されます。

シャープの当座資産は「現金及び預金」,「受取手形及び売掛金」であり,H22年3月末の当座比率は64.4%,H23年3月末51.4%です。B13の計算式は,13行目に当座比率を表示させるための行を挿入した状態で,「=(B4+B5)/B51」となります。その後,必要に応じて「セルの書式設定」を操作してパーセント表示にして下さい。

当座比率は両年度とも目安より低い値で,やや不安があります。特にH23年度は,流動比率が前年度より高くなっているにもかかわらず,当座比率は13%低下して約50%の水準になっています。この原因は当座資産の減少によるもので,短期の支払能力に注意しなければいけません。

当座比率

	A	B	C
1	連結貸借対照表 (単位:百万円)	H22年3月末	H23年3月末
2	資産の部		
3	流動資産		
4	☆現金及び預金	348,414	247,888
5	☆受取手形及び売掛金	439,877	392,780
6	たな卸資産	411,263	486,060
7	繰延税金資産	64,347	93,810
8	未収入金		184,646
9	その他	158,631	120,096
10	貸倒引当金	△4,997	△2,730
11	流動資産合計	1,417,535	1,522,550
12	流動比率	115.8%	122.2%
13	☆当座比率	64.4%	51.4%
51	☆流動負債合計	1,223,906	1,245,913

3 自己資本比率

「自己資本比率=自己資本/総資本(負債純資産合計)」(%)

この指標は,財務体質の安全性,健全性を評価するためのもので,**総資本に占める自己資本の比率を示しており,大きい方が良い**と評価されます。会社の資金の源泉は,借入金や社債の発行による外部からの調達(負債)と,資本金や利益剰余金など内部資金である株主資本(純資産の大半)に分類されます。そのため,負

債は**他人資本**，純資産は**自己資本**ともよばれます。自己資本比率は，**資金の源泉のバランスを評価する指標**です。自己資本を簡便的に純資産合計とする考え方もありますが，この章では新株予約権，少数株主持分を含めず「**自己資本＝株主資本＋その他の包括利益累計額**」で求めます。

　負債は外部からの調達であるため，経営が上手くいっていない時にも利息の支払いと元金の返済義務があります。それに対して，資本金は通常返還することはなく配当金も利益の分配であるため，経営成績が良くない場合には額を抑えることができます。そのため，自己資本の割合が大きいほど財務体質が安定していると考えられます。企業の規模や業種によって異なりますが，40％程度が目安となります。

　ただし，現在の日本は長期の低金利状態が続いていること，経営成績が不振であれば株主から経営者に対して責任が問われることなどから，自己資本比率の高さにこだわらないとする考え方もあります。

　シャープのH22年3月末の自己資本比率は36.8％，H23年3月末は35.6％です。目安より少し小さい値ですが，特に問題のない水準だと考えられます。ただし，2期連続で為替換算調整勘定のマイナスが大きく，不安定な為替相場や円高の影響を受けていることがわかります。

　B76の計算式は「＝(B66＋B72)/B75」となります。その後，「セルの書式設定」を操作してパーセント表示にしてください。流動比率と当座比率の計算のために，最初にファイルを開いた状態からセルの位置が変わっています。セルの位置がズレてしまった場合は，計算式の内容で判断してください。

自己資本比率

	A	B	C
1	連結貸借対照表　（単位：百万円）	H22年3月末	H23年3月末
66	☆株主資本合計	1,109,200	1,108,278
67	その他の包括利益累計額		
68	その他有価証券評価差額金	7,372	5,915
69	繰延ヘッジ損益	218	△1,028
70	為替換算調整勘定	△72,283	△85,317
71	在外子会社の年金債務調整額		△1,815
72	☆その他の包括利益累計額合計	△64,693	△82,245
73	少数株主持分	21,353	22,612
74	純資産合計	1,065,860	1,048,645
75	☆負債純資産合計	2,836,255	2,885,678
76	☆自己資本比率	36.8%	35.6%

4　有利子負債依存度

「有利子負債依存度＝有利子負債／総資産(総資本)」（％）

　この指標は，総資産（総資本）に対する有利子負債の割合で，**財務体質の健全性を示すもの**です。**値が小さいほうが良い**と評価されます。50％を超えると要注意と考えられますが，業種や規模，自己資本の割合などによって異なるため，前年度比や同業種と比較することで評価することが望ましい指標です。

　負債の中には利息の支払義務が生じるもの（借入金，社債など），とそうでないもの（買掛金，未払金など）があり，前者を有利子負債とよびます。有利子負債が大きいと利息の負担額も大きくなるため，負債の総額に加えて注目する必要があります。

　シャープのH22年3月末の有利子負債依存度は28.0％，H23年3月末は28.4％です。50％を大きく下回っており，金利負担の面で問題はないと考えられます。シャープの有利子負債は，次頁図表に「＊」を付けて示している六つです。B60の計算式は「＝B44＋B45＋B46＋B53＋B54＋B55」，B61は「＝B60/B40」となります。B61は「セルの書式設定」を操作してパーセント表示にしてください。

有利子負債依存度

	A	B	C
1	連結貸借対照表 (単位：百万円)	H22年3月末	H23年3月末
40	資産合計	2,836,255	2,885,678
41	負債の部		
42	流動負債		
43	支払手形及び買掛金	554,368	531,638
44	＊短期借入金	97,886	128,453
45	＊1年内償還予定の社債	30,698	10,290
46	＊コマーシャル・ペーパー	165,755	139,766
52	固定負債		
53	＊社債	225,057	215,046
54	＊新株予約権付社債	202,497	201,783
55	＊長期借入金	72,560	125,623
59	負債合計	1,770,395	1,837,033
60	☆有利子負債合計	794,453	820,961
61	☆有利子負債依存度	28.0%	28.4%

5　固定比率と固定長期適合率

「固定比率＝固定資産／自己資本」（％）

「固定長期適合率＝固定資産／（自己資本＋固定負債）」（％）

　この二つの指標は，**固定資産を調達するための資金を自己資本もしくは固定負債でまかなうことができているかを示す指標**です。基本的に値が小さいほうが良いと評価されます。固定資産は売却して現金を得ることを目的としていないため，短期の借入金に頼って取得すると，その返済に支障をきたす恐れがあるためです。

　固定比率は分母が自己資本のみであり，固定比率が100％以下であれば，固定資産を自己資本でまかなうことができています。ただ，実際には固定比率が100％以下であるケースは少なく，自己資本に固定負債を加えた固定長期適合率で100％以下であることが望ましいとされます。

　ただし，設備投資をあまり必要としない業種では，極端に小さな値を示すことがあり，他社と比較する場合には注意が必要です。また，同じ業種でも積極的に事業を拡大している企業と，リストラの過程で固定資産を売却している企業では単純に比較することはできません。この点に関しては，連結キャッシュ・フロー計算書の投資CF情報が参考になります。

シャープのH22年3月末の固定比率は135.4%，H23年3月末は132.5%で100%を超えています。しかし，固定長期適合率は88.9%，84.1%と100%以下であり，財務体質の健全性に問題はないと考えられます。B75の計算式は「＝B35/(B68＋B74)」，B76は「＝B35/(B68＋B74＋B58)」となります。「セルの書式設定」を操作してパーセント表示にして下さい（これ以降，Excelの操作説明は省略します）。

固定比率と固定長期適合率

	A	B	C
1	連結貸借対照表　（単位：百万円）	H22年3月末	H23年3月末
35	固定資産合計	1,414,367	1,359,894
58	☆☆固定負債合計	546,489	591,120
68	☆株主資本合計	1,109,200	1,108,278
74	☆その他の包括利益累計額合計	△64,693	△82,245
75	☆固定比率	135.4%	132.5%
76	☆☆固定長期適合率	88.9%	84.1%

3 効率性の分析

　効率性の分析は，企業が所有する資産や資本をどの程度効率的に活用して売上高や利益を得ているかを評価する手法です。株主資本回転率（売上高/株主資本）や総資産回転率（売上高/総資産）などがありますが，これらは株主資本もしくは資産を有効に活用できているかを示す指標です。この二つは次節 4 の収益性の分析（ROEおよびROA）で代用できますので，ここでは他の分析を行います。

　売上債権（受取手形，売掛金など）の回収の効率性を評価する**売上債権回転率**と棚卸資産（在庫）が販売される早さを評価する**棚卸資産回転率**を分析の対象とします。なお，これらの指標は回転率とありますが，実際には回転数を計算します。基本的にこの二つの指標が向上すれば，株主資本回転率と総資産回転率も良くなります。新しいシートに表を作成してみてください。

売上債権回転率と棚卸資産回転率

(単位：百万円)	H22年3月期	H23年3月期
売上高	2,755,948	3,021,973
売上債権	439,877	392,780
たな卸商品	411,263	486,060
売上債権回転率（回転数）	6.3	7.7
売上債権回転期間（日数）	58.3	47.4
棚卸資産回転率（回転数）	6.7	6.2
棚卸資産回転期間（日数）	54.5	58.7

1 売上債権回転率と回転期間

「売上債権回転率＝売上高/売上債権」（回転数）

「売上債権回転期間＝365/売上債権回転率」（日数）

　売上債権回転率は，売上高と売上債権の残高から**売上債権の回収（現金化）の早さを評価するもので，基本的に値が大きいほうが良い**とされます。業種によって異なりますが，6回以上が目安で3回以下だと注意が必要です。値が小さい場合は，売上債権の一部が不良債権化して，回収が難しくなっている可能性があります。基本的には，現金決済の割合が大きいほど売上債権の額が小さくなり，回転率は大きくなります。**売上債権回転期間は，売上債権を回収するのに要している日数を示しており，値が小さいほど回収が早いと評価されます。**

　シャープのH22年3月期の売上債権回転率は6.3回，H23年3月期は7.7回で目安の6回以上をクリアしています。H23年3月期のほうが値が良くなっていて，売上債権の回収は順調だと評価できます。回転率の向上に伴って回転期間の値は小さくなり，回収に必要な日数が短くなっていることがわかります。

2 棚卸資産回転率と回転期間

「棚卸資産回転率＝売上高/棚卸資産」（回転数）

「棚卸資産回転期間＝365/棚卸資産回転率」（日数）

　棚卸資産回転率は，売上高と棚卸資産の残高から**棚卸資産が販売される早さを評価するもので，基本的に値が大きいほうが良い**とされます。業種によって異なりますが，12回以上が目安で6回以下だと注意が必要とされます。値が小さい場合

は，売れ残りの在庫を多く抱えている可能性があります。**棚卸資産回転期間**は，棚卸資産が販売されるまでの日数を示しており，値が小さいほど早いと評価されます。

シャープのH22年3月期の棚卸資産回転率は6.7回，H23年3月期は6.2回で目安の12回を大幅に下回っており，注意が必要となる水準に近い値です。H23年3月期は，売上高の増加以上に在庫が増えてしまい，わずかとはいえさらに良くない値を示す結果となっています。回転期間の値は，在庫が販売されるまでに約2ヶ月かかってしまうことを示しています。

4 収益性の分析

収益性分析は，**株主からの出資金や資産を活用して効率的に利益を得ているか（収益力）を評価する**ものです。企業にとって，安定した経営を行い存続し続けることはもちろん重要ですが，株式会社はそれを超えて，株主から出資された資金を運用して増やすことが求められます。

評価の手法には**売上高利益率**，**自己資本利益率（ROE：Return On Equity）**，**総資産利益率（ROA：Return On Assets）**などがあります。なお，総資産利益率は総資本利益率とよばれることもあります。

より客観的に評価するため，ここからは2社の比較も行うことにします。現在，家電製造業は米国会計基準による連結財務諸表を作成している企業が多くなっています。条件を同じにするため，同業種で日本基準による財務諸表を作成している日本電気株式会社（以下，NEC），を対象とします。連結財務諸表をこの章の最後に載せていますので参考にしてください。

1 売上高利益率

「売上高利益率＝五つの利益／売上高」（％）

連結損益計算書には，**第4章**ですでに見たとおり五つの利益があります。売上高利益率が示す情報は，それぞれの利益の性格に対応しています。この指標は，**売上高から各種の費用を差し引いた後の利益の割合を示しており，値が大きいほど良**

いとされます。

売上高と五つの利益率

(単位：百万円)	シャープ		NEC	
	H22年3月期	H23年3月期	H22年3月期	H23年3月期
売上高	2,755,948	3,021,973	3,583,148	3,115,424
前年比		109.7%		86.9%
売上総利益	526,438	569,628	1,090,745	915,451
前年比		108.2%		83.9%
営業利益	51,903	78,896	50,905	57,820
前年比		152.0%		113.6%
経常利益	30,995	59,124	49,429	41
前年比		190.8%		0.1%
税金等調整前当期純利益	6,139	40,880	55,654	△15,687
前年比		665.9%		-28.2%
当期純利益	4,397	19,401	11,428	△12,518
前年比		441.2%		-109.5%
①売上高総利益率	19.10%	18.85%	30.44%	29.38%
②売上高営業利益率	1.88%	2.61%	1.42%	1.86%
③売上高経常利益率	1.12%	1.96%	1.38%	0.001%
④売上高税前当期純利益*	0.22%	1.35%	1.55%	-0.50%
⑤売上高当期純利益率	0.16%	0.64%	0.32%	-0.40%

*正確には売上高税金等調整前当期純利益。

ア．売上高総利益率

「売上総利益／売上高」(%)

　両社とも前年に比較して，やや数値が悪くなっていますが，それよりも**両社の利益率に約10%も差があることが注目**されます。H23年3月期のシャープは売上高が伸びているため，売上総利益も8.2%増加していますが，総利益の額ではNECより約3,500円少ない値です。売上高の差が約900億円であることを考慮すると，売上総利益率の高さがいかに重要であるかがわかります。

　利益率にどうしてこれだけの差があるのか，という理由を財務諸表のみで知ることはできません。しかし，基本的に売上高総利益率が高いということは，製造コストを抑えることに成功していたり，利益を乗せて販売する能力が高いと考えることができます。

　ただし，シャープは売上高と売上総利益の両方を伸ばしているのに対して，

NECは減少となっています。したがって、**売上高および売上総利益の伸びではシャープ，売上総利益率の高さではNECを評価**することができます。

イ．売上高営業利益率
「営業利益／売上高」(%)

売上高総利益率とは反対に**両社とも数値が良くなっています**。今度はシャープのほうが利益率が高く，売上総利益の約3,500億円もの差を逆転し，営業利益では約210億円多くなっています。

NECも売上総利益が減少しているなかで，利益率と実際の利益額を伸ばしていることは注目に値しますが，シャープの営業利益の前年比は売上総利益の伸び8.2%を大幅に上回るプラス52%と非常に高い値です。**営業利益率，営業利益額ともにシャープのほうが，より良いと評価できます。**

ウ．売上高経常利益率
「経常利益／売上高」(%)

利益率と実際の利益額をシャープが順調に伸ばしているのに対して，NECは大きく減らしています。これは，平成22年3月期に「偶発損失引当金戻入額」というやや特殊な営業外収益が約300億円（平成23年3月期はゼロ），H23年3月期に「持分法による投資損失」という営業外費用が約380億円（H22年3月期はゼロ）計上されていたことなどが主要な原因だと考えられます。したがって，この2期の利益率について2社を比較してもあまり有用性が高いとはいえません。ただ，それとは別にシャープの伸び率は利益率，利益額の両方とも非常に高い値で評価することができます。

エ．売上高税金等調整前当期純利益率
「売上高税金等調整前当期純利益／売上高」(%)

NECのH22年3月期を除いて，両社とも経常利益率と比べて小さな値となっています。これは特別利益より特別損失のほうが大きいことを意味しています。**事業構造改善費用が特別損失の額を大きくしていることも両社に共通しており，早急**

に事業の再構築に一段落をつけることが望まれます。

　経常利益が小さかったため，NECはこの段階で赤字となっています。シャープは利益の額を経常利益から約180億円減らしていますが，前年を大きく上回る額を確保しており，その点は評価することができます。

オ．売上高当期純利益率
「当期純利益／売上高」(％)

　これまでの流れを受けて，H23年3月期の当期純利益はシャープが前年度より大きく，NECは赤字となっています。シャープは前年から4倍以上に利益を増やしていますが，それでも利益率は1％にも届いていません。売上高を当期純利益に結びつけることの難しさをここから読み取ることができます。

2　自己資本利益率（ROE）
「ROE＝当期純利益／自己資本」(％)

　この指標は，株主の持分に対しての利益の大きさを評価するものです。株主の持分は，純資産の部の「株主資本」に「その他の包括利益累計額」を加えた額である自己資本とします。基本的に値が大きいほど株主の持分を有効に活用して利益を得ていると評価されますが，自己資本が小さいほどROEは高くなることに注意が必要です。例えば，シャープとNECの両社とも「為替換算調整勘定」のマイナスによって自己資本が減少しています。このことは，自己資本比率を低下させる悪影響ですが，ROEの計算には有利に働きます。10％以上程度が目安となりますが，業種や各企業の財務体質によって差が大きい指標です。

　原則として当期純利益を使用しますが，赤字決算であったり，特別損益の影響を控除した値を知りたい場合は，経常利益を対象とした自己資本経常利益率を求めることも参考になります。両社とも，特別損失に大きな「事業構造改善費用」を計上している状況で，当期純利益は小さく，H23年3月期のNECのROEはマイナスとなっています。シャープのH23年3月期は「事業構造改善費用」が減っており，それがROEにも反映されています。目安とする10％には届いていませんが，回復傾向にあると考えられます。

自己資本利益率（ROE）と総資産利益率（ROA）

(単位：百万円)	シャープ		NEC	
	H22年3月期	H23年3月期	H22年3月期	H23年3月期
総資産	2,836,255	2,885,678	2,937,644	2,628,931
自己資本*	1,044,507	1,026,033	790,904	757,054
経常利益	30,995	59,124	49,429	41
当期純利益	4,397	19,401	11,428	△12,518
ROE（経常利益）	2.97%	5.76%	6.25%	0.01%
ROE（当期純利益）	0.42%	1.89%	1.44%	-1.65%
ROA（経常利益）	1.09%	2.05%	1.68%	0.002%
ROA（当期純利益）	0.16%	0.67%	0.39%	-0.48%

*自己資本は「株主資本＋その他の包括利益累計額」で求めている。

3 総資産利益率（ROA）

「ROA＝当期純利益／総資産」（％）

この指標は，総資産に対しての利益の大きさを評価するものです。値が大きいほど資産を活用して利益を得ていると評価されます。ROAが小さい場合は，利益への貢献度が低い資産の処分や効率的な設備投資が求められます。分母となる総資産は負債と純資産の合計と等しくなるため，ROEのように自己資本の割合に大きく左右されることはありません。5％程度以上が目安とされます。

ROEと同じく，基本的に当期純利益を使用しますが，経常利益を対象とした総資産経常利益率も参考になります。NECのH23年3月期は赤字決算であるため，比較すればシャープのほうが良いと判断できますが，シャープも十分な値とはいえず，利益の増加，効率性の悪い資産の処分などによって数値の向上が望まれます。

5 株価分析

株価分析は対象企業の株価の水準（割高・標準・割安）を評価するものです。株主もしくは将来株主が株式の売買をする際の判断材料となります。代表的な分析手法としてPER（Price Earnings Ratio：株価収益率），PBR（Price Book - value Ratio：株価純資産倍率）があります。ここでは，その二つに加えて配当情報に

関連する分析手法もいくつか紹介します。

　株価分析を行うには株価データが必要となりますが，そのデータはダウンロードした財務諸表には記載されていないため，Yahoo!ファイナンスを利用します。シャープのH23年3月末の株価を調べる方法を紹介しておきます。

❶インターネットでYahoo!ファイナンスを開き，トップページの検索ボックスに「シャープ」と入力して検索します。すると，次のような画面が開きます。

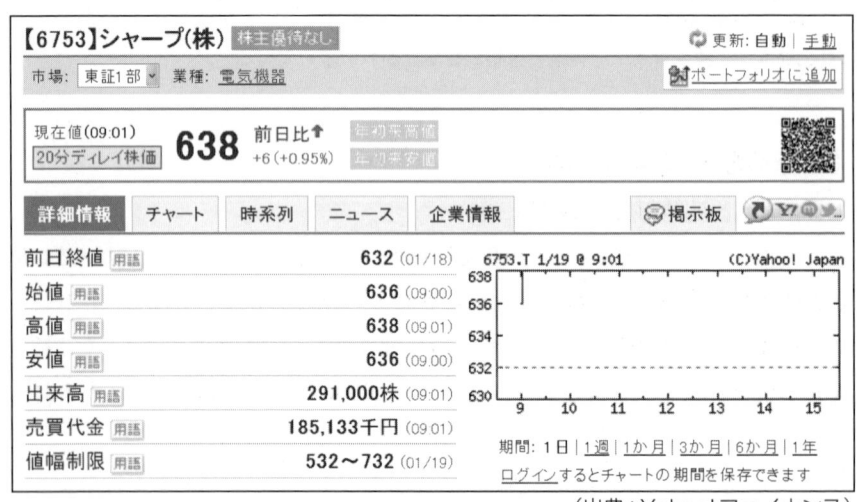

(出典：Yahoo!ファイナンス)

❷株価「638」のすぐ下にある「時系列」タブをクリックします。
❸時系列のデータ表の下にある「株価時系列データをもっと見る」をクリックすると，次のような画面が開きます。3月31日が平日とは限らないので，少し余裕をもって検索する範囲を指定して，右側の「表示」をクリックします。検索する範囲の幅はもちろん自由ですが，決算日の前後を見るのが参考になると思います。

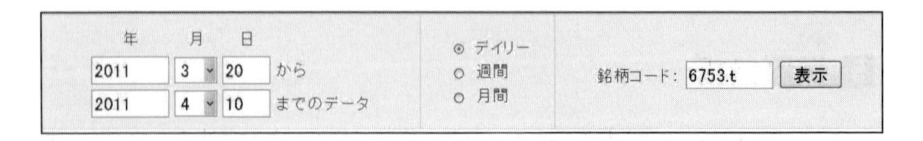

1　株価収益率（PER）

「PER＝株価／EPS（Earnings Per Share：1株当たり当期純利益）」（倍）

この指標は，株価がEPSの何倍になるかを計算することによって，株価の水準を示すものです。15倍から20倍程度が目安とされ，それ以上であれば割高，それ未満であれば割安と考えられます。H23年3月末の東証1部のPERの平均値は29.1倍でした。

　割高な値を示している場合は，それでも投資する投資家がいるということで，**将来への期待や人気の高さを示す**ことにもなります。反対に割安な値を示している場合は，**将来への期待が少なく人気も低迷している**，ということを示しています。

　EPSは「当期純利益/(期末の発行済み株式数−自己株式数)」(円)で求めます。この計算に必要な情報を入手するには，EDINETから対象とする企業の「決算短信」を利用するのが便利です。通常は2ページ目に「発行済み株式数」の情報が記載されています。「決算短信」には，すでにEPSや他にいくつかの指標が表示されていますが，実際にその値になるか試してみてください。

平成23年3月期 決算短信〔日本基準〕(連結)

平成23年4月27日

上場会社名　シャープ株式会社　　　　　　　　　　　上場取引所　東大名札福
コード番号　6753　　URL http://www.sharp.co.jp/
代表者　(役職名) 取締役社長　　　　　　　　(氏名) 片山 幹雄
問合せ先責任者 (役職名) 取締役兼執行役員 経理本部部長 (氏名) 野村 勝明　TEL 06-6621-1221
定時株主総会開催予定日　平成23年6月23日　配当支払開始予定日　平成23年6月23日
有価証券報告書提出予定日　平成23年6月23日
決算補足説明資料作成の有無：有
決算説明会開催の有無　　　：有

(連結業績は百万円未満四捨五入，個別業績は百万円未満切捨て)

1.平成23年3月期の連結業績 (平成22年4月1日〜平成23年3月31日)
(1) 連結経営成績　　　　　　　　　　　　　　　　　(%表示は対前期増減率)

	売上高		営業利益		経常利益		当期純利益	
	百万円	%	百万円	%	百万円	%	百万円	%
23年3月期	3,021,973	9.7	78,896	52.0	59,124	90.8	19,401	341.2
22年3月期	2,755,948	△3.2	51,903	—	30,995	—	4,397	—

(注) 包括利益　23年3月期　4,389百万円 (△79.1%)　22年3月期　20,999百万円 (—%)

	1株当たり当期純利益	潜在株式調整後1株当たり当期純利益	自己資本当期純利益率	総資産経常利益率	売上高営業利益率
	円 銭	円 銭	%	%	%
23年3月期	17.63	16.47	1.9	2.1	2.6
22年3月期	4.00	3.75	0.4	1.1	1.9

(参考) 持分法投資損益　23年3月期　3,285百万円　22年3月期　1,292百万円

PERは当期純利益の変動にあわせて大きく数値が変わるため，この指標だけで株価の水準を判断するのは危険です。また，PERはマイナスになった場合，損失が大きいほど絶対値が小さくなり，比較の対象として利用することができません。そのため，次に紹介するPBRとセットで評価することが大切です。

　シャープのH23年3月期のPERは46.8倍と前期の292.25倍から大きく値が下がっていますが，これは期待度が低下したというより，H22年3月期のEPSが小さかったことに原因があります。H23年3月期のEPSは前年から4倍以上に増加しましたが，まだ割高な水準であり，株価が下がっています。

　NECのH22年3月期のPERは55.75倍と高い値ですが，これもEPSが小さいことに原因があると考えられます。H23年3月期のPERはマイナスであるため，前年やシャープとの比較にはあまり参考になりません。純損失の計上に伴い，株価は日経平均の下落率よりも大きく値を下げています。

株価収益率（PER）とPBR（株価純資産倍率）

	シャープ		NEC	
	H22年3月期	H23年3月期	H22年3月期	H23年3月期
株価（期末）円	1,169	825	281	181
前年比		70.57%		64.41%
EPS（1株当たり当期純利益）円	4.00	17.63	5.04	△4.82
PER（株価収益率）倍	292.25	46.80	55.75	△37.55
BPS（1株当たり純資産）円	949.19	932.46	304.36	291.35
PBR（株価純資産倍率）倍	1.23	0.88	0.92	0.62

H22年3月末の日経平均は11,090円。H23年3月末は9,755円で前年比は88.0％。

2　株価純資産倍率（PBR）

　「PBR＝株価／BPS（Book-value Per Share：1株当たり純資産）」（倍）

　この指標は，株価がBPSの何倍になるかを計算することによって，株価の水準を示すものです。1.2倍程度が目安とされ，それ以上であれば割高，それ未満であれば割安と考えられます。

　PERと同様に，将来への期待や人気を反映する指標としても参考になります。「株価純資産倍率」という名称が定着していますが，実際には「株価自己資本倍

率」です。BPSも「自己資本／(期末の発行済み株式数－自己株式数)」（円）で求めます。

　PBRが1倍未満を示すことは株価がBPSよりも低いということで，単純に考えると投資すれば確実に得をする異常な値です。ただし，これはあくまでも理論上の話で，投資家がその企業への投資意欲を低下させていると考えられます。その理由としては，次の決算で赤字が拡大するのではないか，資産に不良債権が多く含まれているのではないか，資産の価値が貸借対照表の額よりも目減りしているのではないか，などの不安要素があると思われます。

　本来，1倍未満の値は危険な水準ですが，日本経済の長期低迷の影響を受けて株価も下落しているため，1倍未満を示す銘柄が多くなっているのが現状です。H23年3月末の東証1部のPBRの平均値は0.9倍でした。

　シャープのH22年3月末のPBRは1.23倍で目安を少し上回る値です。ROEやROAの水準からは割高と考えられる一方で，将来の増益への期待もあると見られます。しかし，H23年3月末は実際に当期純利益が増加しているにもかかわらず，PBRは低下しています。これは割安になったと考えられると同時に，将来への期待が減少しているとも見ることができます。

　NECのH22年3月末のPBRは，0.92倍で平均的な値ですが，H23年3月末には0.62倍と大きく下げています。これは割安な水準であることと同時に，純損失の計上によって投資家が将来への期待を低下させていることを示しています。

3　配当情報

　実際に株式への投資を考える際，配当金に関する情報は非常に重要な項目の一つです。ここでは，配当金に関連する分析手法を紹介します。

配当性向・配当利回り・配当余力

	シャープ		NEC	
	H22年3月期	H23年3月期	H22年3月期	H23年3月期
利益剰余金（百万円）	649,795	648,935	216,439	192,943
当期純利益（百万円）	4,397	19,401	11,428	△ 12,518
株価（円）	1,169	825	281	181
配当金（円）	17	17	4	0
配当総額（百万円）	18,707	18,706	10,398	0
配当性向	425.45%	96.42%	90.99%*	─
配当利回り	1.45%	2.06%	1.42%	─
配当余力（倍）	34.7	34.7	20.8	─

*NECは配当性向の計算に他の方式を利用しているため，決算短信の数値とは異なっている。

ア．配当性向「配当金総額／当期純利益」（％）

この指標は，**当期純利益のうち配当金として株主に分配した額の比率**を見るものです。比率が高いほど配当金は増えますが，純損失を計上した時の備えや，将来への投資のために資金を必要とするため，単純に高いほど良いとは評価できません。

シャープのH22年3月期は，配当金総額が当期純利益の額を超えているため，425.45％という値になっています。これは，十分な利益剰余金があるために可能であったと考えられます。23年3月期は100％以下になっていますが，利益のほとんどが配当金とされています。17円の配当金を維持したいという姿勢と，社内に利益を留保するには当期純利益をもっと増やす必要があることが伝わってきます。

NECのH22年3月期も90.99％と高い値で，社内に留保できるほどの当期純利益を得られていないことがわかります。H23年3月期は，約1,900億円の利益剰余金がありますが，赤字決算のため無配となっています。NECは，H21年3月期に約2,900億円の純損失により，それまでの利益剰余金がなくなっています。その後に資本剰余金を取り崩して純損失を穴埋めし，再度利益剰余金を設けた経緯があります。

イ．配当利回り「配当金／株価」（率）

この指標は，**株価に対する１株当たりの配当金の割合**を示すものです。配当性向とのバランスがありますが，基本的に高いほど良いと考えられます。株価が上がれば利回りは低下し，下落すれば上昇することから，株価の水準を評価する参考にもなります。定期預金の利回りと比較する場合，配当金はゼロになる可能性があることも含めて，変化が大きいことに注意が必要です。

シャープのH22年３月期は，1.45％と預金金利を超える水準です。H22年３月期は株価が下落しているため，配当金は同額ながら利回りが2.06％に上昇しています。この指標からは，株価が割安の方向に動いたと考えることができます。NECのH22年３月期も1.42％と預金金利を超える水準です。しかし，H22年３月期は無配となっています。

ウ．配当余力「利益剰余金／配当金総額」（倍）

この指標は，企業が内部に留保している**利益剰余金が，配当金総額の何倍あるのかを見る**ものです。値が大きいほど，配当の継続性が高いと考えることができます。ただし，利益剰余金の全額が配当のために留保されているわけではないこと，純損失を計上すると損失を埋めるために取り崩されることに注意が必要です。利益剰余金の内訳は，個別財務諸表の貸借対照表に記載されています。企業グループ全体の情報ではありませんが，参考になるデータです。

シャープはH22年３月期に当期純利益を超える配当をしていますが，翌年には配当性向が100％未満となり，十分な配当余力を維持していると考えられます。NECはH22年３月期に20.8倍の値を示していますが，配当性向の項目で説明したような状況であるため，注意が必要です。

日本電気株式会社（NEC）　連結貸借対照表　（単位：百万円）

	H22年3月31日	H23年3月31日
資産の部		
流動資産		
現金及び預金	195,095	184,662
受取手形及び売掛金	773,388	726,355
有価証券	136,747	20,757
商品及び製品	109,852	95,567
仕掛品	121,082	99,868
原材料及び貯蔵品	84,618	69,308
繰延税金資産	93,307	97,431
その他	134,900	153,104
貸倒引当金	△6,024	△4,472
流動資産合計	1,642,965	1,442,580
固定資産		
有形固定資産		
建物及び構築物（純額）	207,535	146,782
機械及び装置（純額）	133,018	43,933
工具，器具及び備品（純額）	77,681	61,862
土地	91,938	75,550
建設仮勘定	43,879	13,048
有形固定資産合計	554,051	341,175
無形固定資産		
のれん	97,458	88,941
ソフトウエア	117,278	116,169
その他	4,158	3,092
無形固定資産合計	218,894	208,202
投資その他の資産		
投資有価証券	151,221	137,692
関係会社株式	89,499	133,993
繰延税金資産	140,829	174,707
その他	150,025	207,848
貸倒引当金	△9,840	△17,266
投資その他の資産合計	521,734	636,974
固定資産合計	1,294,679	1,186,351
資産合計	2,937,644	2,628,931
負債の部		
流動負債		
支払手形及び買掛金	522,533	464,529
短期借入金	69,163	48,780
コマーシャル・ペーパー	21,998	163,978
1年内返済予定の長期借入金	169,507	13,245
1年内償還予定の社債	19,830	
1年内償還予定の転換社債		97,669

日本電気株式会社（NEC）　連結貸借対照表　（続き）

	H22年3月31日	H23年3月31日
未払費用	175,660	160,559
前受金	65,550	58,437
製品保証引当金	27,887	24,827
役員賞与引当金	262	266
工事契約等損失引当金	14,088	9,763
債務保証損失引当金	10,985	
事業構造改善引当金	11,602	7,138
偶発損失引当金	10,886	3,989
その他	158,196	127,348
流動負債合計	1,278,147	1,180,528
固定負債		
社債	50,005	200,000
転換社債	97,669	
新株予約権付社債	110,000	
長期借入金	158,876	137,846
繰延税金負債	8,913	1,125
退職給付引当金	237,645	182,022
製品保証引当金	1,566	2,062
電子計算機買戻損失引当金	9,355	7,620
リサイクル費用引当金	6,537	6,004
事業構造改善引当金	1,139	1,326
偶発損失引当金	11,163	8,810
その他	34,717	26,147
固定負債合計	727,585	572,962
負債合計	2,005,732	1,753,490
純資産の部		
株主資本		
資本金	397,199	397,199
資本剰余金	192,843	192,837
利益剰余金	216,439	192,943
自己株式	△2,929	△2,934
株主資本合計	803,552	780,045
その他の包括利益累計額		
その他有価証券評価差額金	10,218	4,167
繰延ヘッジ損益	61	132
為替換算調整勘定	△22,927	△27,290
その他の包括利益累計額合計	△12,648	△22,991
新株予約権	93	33
少数株主持分	140,915	118,354
純資産合計	931,912	875,441
負債純資産合計	2,937,644	2,628,931

日本電気株式会社（NEC） 連結損益計算書 （単位：百万円）

	H22年3月期	H23年3月期
売上高	3,583,148	3,115,424
売上原価	2,492,403	2,199,973
売上総利益	1,090,745	915,451
販売費及び一般管理費	1,039,840	857,631
営業利益	50,905	57,820
営業外収益		
受取利息	1,337	1,327
受取配当金	4,152	4,118
偶発損失引当金戻入額	30,853	
持分法による投資利益	7,336	
その他	12,869	11,508
営業外収益合計	56,547	16,953
営業外費用		
支払利息	9,736	6,614
持分法による投資損失		38,533
退職給付費用	14,441	12,057
為替差損	1,953	1,488
固定資産廃棄損	8,249	
偶発損失引当金繰入額	6,496	
その他	17,148	16,040
営業外費用合計	58,023	74,732
経常利益	49,429	41
特別利益		
退職給付信託設定益		19,206
投資有価証券売却益	537	2,492
関係会社株式売却益	22,383	2,299
債務保証損失引当金戻入額	3,312	1,557
固定資産売却益	4,225	1,266
リサイクル費用引当金戻入益	1,024	1,193
事業譲渡益		249
新株予約権戻入益	30	8
特別利益合計	31,511	28,270

日本電気株式会社（NEC）　連結損益計算書　（続き）

	H22年3月期	H23年3月期
特別損失		
事業構造改善費用	10,245	15,477
持分変動損失		5,996
災害による損失		5,972
減損損失	6,973	5,873
投資有価証券評価損	891	4,319
製品不具合対策費用	2,487	3,697
資産除去債務会計基準の適用に伴う影響額		1,434
関係会社株式売却損	3,112	1,002
債務保証損失引当金繰入額		201
固定資産売却損	12	19
投資有価証券売却損	39	8
固定資産除却損	1,527	
特別損失合計	25,286	43,998
税金等調整前当期純利益	55,654	△15,687
法人税，住民税及び事業税	28,577	27,788
法人税等調整額	12,661	△36,584
法人税等合計	41,238	△8,796
少数株主損益調整前当期純損失（△）		△6,891
少数株主利益	2,988	5,627
当期純利益又は当期純損失（△）	11,428	△12,518

【参考文献および参考資料】

- 河﨑照行（2007）『電子情報開示のフロンティア』中央経済社。
- XBRL Japan・白田佳子・坂上学（2009）『XBRLが拓く会計情報開示』中央経済社。
- 坂上学・石渡勇（2008）『XBRLの実務』同友館。
- Delloite Development LLC.（2009）「Deloitte Heads Up」2009年2月6日，第16巻第9号。
- 日立ソリューションズ「Xirute フィナンシャルレポートプレイヤー（使用の手引き）」。
- Yahoo!ファイナンス
  http://finance.yahoo.co.jp/
- 東京証券取引所Webページ「規模別・業種別PER・PBR」
  http://www.tse.or.jp/market/data/per-pbr/index.html
- 日本経済新聞Webページ「マーケット」
  http://www.nikkei.com/markets/
- 日本経済新聞Webページ「国内株式指標」
  http://www.nikkei.com/markets/kabu/index.aspx

商標等

- 本文中に記載されている会社名，製品名等は，一般に，関係会社／団体の商標または登録商標です。本文中には，Rマーク，cマーク，TMマークは明記していません。

免責事項

- 本書に記載されている情報は，2012年3月現在のものであり，URLなどの各種の情報や内容は，ご利用時には変更されている可能性があります。
- 本書の内容は参照用としてのみ使用されるべきものであり，予告なしに変更されることがあります。また，株式会社税務経理協会はその一切の責任を負いません。
- 本書に記載されている内容の運用によって，いかなる損害が生じても，株式会社税務経理協会および著者は責任を負いかねますので，あらかじめご了承ください。

使用上の注意

- 本書の解説は,「Microsoft Windows 7 Home Premium」,「Microsoft Office 2010」がインストールされているパソコンで,インターネットに常時接続されている環境を前提に画面を再現しています。
- ご紹介している各ソフトウェアは,すべてのPC環境において正常動作を保証するものではありません。動作環境が満たされている場合でも,正常動作しない場合もありますが,株式会社税務経理協会および著者は動作保証をしかねますので,あらかじめご了承ください。
- ソフトウェアによっては,著者が事前に一般的な環境設定を構築済みの場合があります。ただし,そのままの設定のPC環境で正常動作を保証するものではありません。その場合は,環境に合わせて設定変更が必要な場合もあります。なお,環境設定はご自身で行うものとし,株式会社税務経理協会および著者はそのサポートやご質問にはお答えできません。
- 本書は,多岐にわたるソフトウェアの操作方法等について解説していますが,すべての操作方法等について記述しているわけではありません。各ソフトウェアのインストールや操作等のご利用方法に関するサポート,およびご質問に関しては,株式会社税務経理協会および著者はお受けできませんので,ご注意ください。

著者との契約により検印省略

平成24年4月1日 初版発行

自分で収集・分析できる！
XBRL財務諸表活用のキホン

著　者	小　谷　　　　融
	芝　野　　　　稔
	宮　武　記　章
発行者	大　坪　嘉　春
印刷所	税経印刷株式会社
製本所	株式会社 三森製本所

発 行 所	東京都新宿区下落合2丁目5番13号	株式会社 税務経理協会

郵便番号　161－0033　振替 00190－2－187408　電話 (03)3953－3301(編集部)
　　　　　　　　　　　FAX (03)3565－3391　　　　(03)3953－3325(営業部)
　　　　　　　　　　　URL http://www.zeikei.co.jp/
　　　　　　　　　　　乱丁・落丁の場合はお取替えいたします。

Ⓒ 小谷　融・芝野　稔・宮武　記章 2012　　　　Printed in Japan

本書を無断で複写複製（コピー）することは，著作権法上の例外を除き，禁じられています。本書をコピーされる場合は，事前に日本複写権センター (JRRC) の許諾を受けてください。
JRRC(http://www.jrrc.or.jp　eメール：info@jrrc.or.jp　電話：03-3401-2382)

ISBN978-4-419-05823-4　C3034